企业组织能力与管理

宫松峰 蔡志文 张怡瑾 胡晓琼 ◎ 著

ORGANIZATIONAL
CAPABILITY AND
MANAGEMENT OF ENTERPRISES

企业管理出版社
ENTERPRISE MANAGEMENT PUBLISHING HOUSE

图书在版编目（CIP）数据

企业组织能力与管理 / 宫松峰等著. -- 北京：企业管理出版社，2025.2. -- ISBN 978-7-5164-3225-9

Ⅰ.F272.9

中国国家版本馆CIP数据核字第2025RU5750号

书　　名：	企业组织能力与管理
书　　号：	ISBN 978-7-5164--3225-9
作　　者：	宫松峰　蔡志文　张怡瑾　胡晓琼
责任编辑：	张　羿
出版发行：	企业管理出版社
经　　销：	新华书店
地　　址：	北京市海淀区紫竹院南路17号　邮　　编：100048
网　　址：	http://www.emph.cn　电子信箱：504881396@qq.com
电　　话：	编辑部（010）68456991　发行部（010）68417763
印　　刷：	北京亿友数字印刷有限公司
版　　次：	2025年2月第1版
印　　次：	2025年2月第1次印刷
开　　本：	710mm×1000mm　1/16
印　　张：	17.75
字　　数：	216千字
定　　价：	78.00元

版权所有　翻印必究・印装错误　负责调换

序　言

　　伴随着高科技浪潮席卷而来，世界每时每刻都在发生着翻天覆地的变化，处在这个激变时代的中国高科技制造企业面临的挑战更加激烈和直接。中国高科技制造企业的员工主要从事高新技术产品和服务的研发、生产和经营等工作，因而普遍具有高智力、高教育背景、高竞争性等个体特点，这些特点导致其容易产生易变职业生涯。

　　过去的研究表明：中国高科技制造企业员工职业生涯管理能够影响到员工的个体绩效，进而影响到企业的整体绩效；任职资格管理是企业人力资源干预员工职业生涯管理的重要手段，对员工易变职业生涯存在一定影响；员工易变职业生涯对组织能力存在一定影响。

　　本书解决的关键问题是：（1）知识经济时代背景下中国高科技制造企业组织能力与员工间的关系；（2）中国高科技制造企业任职资格管理对企业组织能力的影响关系；（3）中国高科技制造企业员工职业生涯管理对企业组织能力的影响关系；（4）中介变量易变职业生涯对因变量组织能力、自变量员工职业生涯管理和任职资格管理的中介作用；（5）调节变量组织支持感在易变职业生涯与组织能力之间的调节作用。本书将在人才能力管理领域进一步探究中国高科技制造企业组织能力的影响因素，通过引入易变职业生涯为中介变量、组织支持感为调节变量，为中国高科技制造企业组织能力、知识型员工的职业生涯管理和任职资格管理研究提供新的渠道。

本书选取深圳、广州、重庆、苏州、西安等60余家高科技制造企业，通过互联网平台收集调研问卷，用因子分析的方法对企业组织能力、任职资格管理、员工职业生涯管理和易变职业生涯的影响因素进行调查，寻求不同变量间内在的关系；在中国高科技制造企业员工能力管理、组织能力衡量指标层面，提出了可供参考的维度。本次调查问卷发放对象为中国高科技制造企业研发体系的员工，共回收有效问卷465份。同时选用了3个典型企业对中国高科技制造企业职业生涯管理、任职资格管理、易变职业生涯、组织能力以及组织支持感之间的关系进行验证，从变量层面、成果层面、潜力层面对3家案例企业进行了比较。

根据实证分析和案例分析结果，本书基于波士顿矩阵构造高科技制造企业组织能力模式，划分出自驱型、效能型、一般型以及管理型4种模式，阐明这4种模式的实现路径，并提出相应的对策。最后，本书分别从员工个人和企业管理人员两个角度对企业管理提出相应的建议。对员工个人而言，一是要注重与企业管理人员、人力资源负责人员的沟通，二是要合理总结职业生涯发展的影响因素，三是要结合实际情况，及时调整职业发展方向；对企业管理人员而言，一是要开展灵活性较强的任职资格管理活动，二是要对员工的职业生涯管理提供适当的干预和帮助；三是要识别并维系具有易变职业生涯意识的员工，四是要全面认识并合理利用组织支持感的作用机制。

本书研究结果证明：员工职业生涯管理和任职资格管理能够对易变职业生涯产生正向的影响作用，易变职业生涯的正向变化能够对中国高科技制造企业组织能力产生积极作用，组织支持感也正向调节了易变职业生涯与组织能力的关系。本书的研究结论对于知识经济时代下中国高科技制造企业降低研发体系知识型员工流失率、持续提升组织能力具有一定的借鉴意义，同时为研究员工能力管理与组织能力之间的关系提供了一个创新的视角。

目 录

第一章 绪论

第一节　研究背景　/ 003
　　一、高科技企业的重要作用　/ 003
　　二、员工个人能力是基石　/ 005
　　三、易变职业生涯易产生　/ 006

第二节　研究问题　/ 010
　　一、理论问题　/ 010
　　二、现实问题　/ 011

第三节　研究目标与意义　/ 015
　　一、研究目标　/ 016
　　二、理论意义　/ 017
　　三、现实意义　/ 018

第四节　概念界定　/ 020
　　一、组织能力　/ 020
　　二、职业生涯管理　/ 022
　　三、任职资格管理　/ 024

　　　　四、易变职业生涯 / 026

　　　　五、组织支持感 / 028

　第五节　研究对象、内容和技术路线 / 030

　　　　一、研究对象 / 030

　　　　二、研究内容 / 031

　　　　三、技术路线 / 033

　第六节　创新点 / 035

　本章小结 / 037

第二章 理论基础与文献综述

　第一节　理论基础 / 041

　　　　一、组织能力"杨三角"理论 / 041

　　　　二、人与环境匹配理论 / 043

　　　　三、职业生涯管理理论 / 046

　　　　四、调节焦点理论 / 048

　　　　五、相关理论的作用分析 / 049

　第二节　组织能力相关研究 / 051

　　　　一、变量及其维度 / 051

　　　　二、影响因素分析 / 053

　第三节　职业生涯管理相关研究 / 056

　　　　一、变量及其维度 / 056

　　　　二、职业生涯管理对易变职业生涯的影响 / 058

　　　　三、职业生涯管理对组织能力的影响 / 060

目 录

第四节　任职资格管理相关研究 / 063
　　一、变量及其维度 / 063
　　二、任职资格管理对易变职业生涯的影响 / 064
　　三、任职资格管理对组织能力的影响 / 066

第五节　易变职业生涯相关研究 / 067
　　一、变量及其维度 / 067
　　二、易变职业生涯对组织能力的影响 / 070
　　三、易变职业生涯的中介作用 / 071

第六节　组织支持感相关研究 / 072
　　一、组织支持感测量及维度划分的相关研究 / 072
　　二、组织支持感的调节作用 / 074

第七节　研究假设 / 076

第八节　研究模型及作用机理 / 078
　　一、研究模型 / 078
　　二、作用机理 / 080

本章小结 / 083

第三章　研究方法与研究设计

第一节　研究方法 / 087
　　一、文献研究法 / 087
　　二、问卷调查法 / 088
　　三、实证研究法 / 089

第二节　量表设计 / 094
　　一、组织能力问卷量表设计 / 095

二、职业生涯管理问卷量表设计 / 096

　　三、任职资格管理问卷量表设计 / 097

　　四、易变职业生涯问卷量表设计 / 098

　　五、组织支持感问卷量表设计 / 099

　　六、控制变量 / 099

第三节　调查方案设计 / 100

　　一、确定调查对象及目的 / 100

　　二、确定抽样方法及样本容量 / 101

　　三、问卷的量表开发设计 / 101

　　四、问卷的发放和回收 / 103

本章小结 / 105

第四章　实证分析

第一节　样本基本情况描述 / 109

第二节　变量描述性统计分析 / 114

第三节　量表信效度检验 / 117

　　一、信度检验 / 117

　　二、验证性因子分析 / 119

　　三、共同方法偏差检验 / 124

第四节　组织能力驱动因素的路径分析与假设检验 / 125

　　一、模型路径系数与假设检验结果 / 125

　　二、主效应检验 / 128

　　三、中介效应检验 / 134

目　录

第五节　组织支持感的调节效应分析及假设检验　/　138

　　一、组织支持感的调节效应假设检验分析　/　138

　　二、调节效应图的绘制　/　140

本章小结　/　142

第五章　案例分析

第一节　神州数码案例分析　/　147

　　一、企业简介　/　147

　　二、企业现状　/　148

　　三、假设验证　/　160

　　四、效果分析　/　165

第二节　天合光能案例分析　/　166

　　一、企业简介　/　166

　　二、企业现状　/　167

　　三、假设验证　/　178

　　四、效果分析　/　182

第三节　海光信息案例分析　/　183

　　一、企业简介　/　183

　　二、企业现状　/　184

　　三、假设验证　/　193

　　四、效果分析　/　197

第四节　案例比较分析　/　199

　　一、变量层面　/　199

二、成果层面 / 205

　　三、潜力层面 / 206

本章小结 / 208

第六章 策略与建议

第一节　模式、路径与策略 / 211

　　一、高科技制造企业组织能力模式 / 211

　　二、高科技制造企业组织能力模式的路径 / 215

　　三、针对高科技制造企业组织能力模式的对策 / 220

第二节　研究建议 / 227

　　一、对员工个人的建议 / 227

　　二、对企业管理人员的建议 / 229

本章小结 / 233

第七章 结论与展望

第一节　研究结论 / 237

第二节　研究的不足 / 242

第三节　未来展望 / 244

本章小结 / 245

参考文献 / 247

附　录 / 269

第一章

绪论

本章主要对本书的研究背景、研究问题和研究目标进行介绍，从理论意义和现实意义两方面说明研究意义，对前提假设、研究局限性和研究范围进行说明，对涉及的组织能力、职业生涯管理、任职资格管理、易变职业生涯和组织支持感等核心概念进行界定，最后简要介绍全书的篇章结构。

第一章 绪论

/ 第一节 /
研究背景

一、高科技企业的重要作用

伴随着知识经济时代的来临，高新技术成为推动社会进步和时代变迁的关键推手，而承载高新技术研发与演变的高科技企业则成为推动技术变革、引领经济发展的中流砥柱，尤其是在中国，高科技企业迎来了巨大的发展契机，越来越多的企业转型成为高科技企业。数据显示（见图1-1），从2021年以来，纳入国家统计局统计的高科技企业数量每年维持在14%以上的增速，至2021年，数量已经达到33万家。

一方面，越来越多的高科技企业涌现，代表着科技驱动社会进步的时代已经来临，高科技企业在中国经济发展中承担着越来越重要的作用。高科技企业最近十来年的营业收入、创造的工业总产值，以及实现的净利润，代表着中国高科技企业逐步走向成熟并在经济社会中扮演了更重要的角色。同时，高科技企业也是技术创新、发明的重要阵地，是推动国家产业转型、科技创新的重要主体。数据显示（见图1-2），2010—2019年，中国高科技企业营业收入以及创造的工业产值逐年递增，企业本身创造的利润额也在稳步上升。

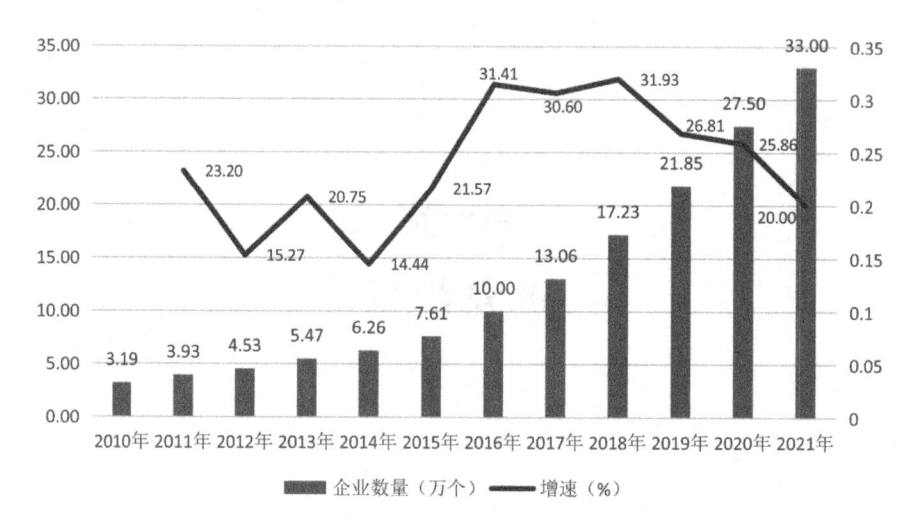

图 1-1 2010—2021 年中国高科技企业入统数量增长趋势

数据来源：国家税务局

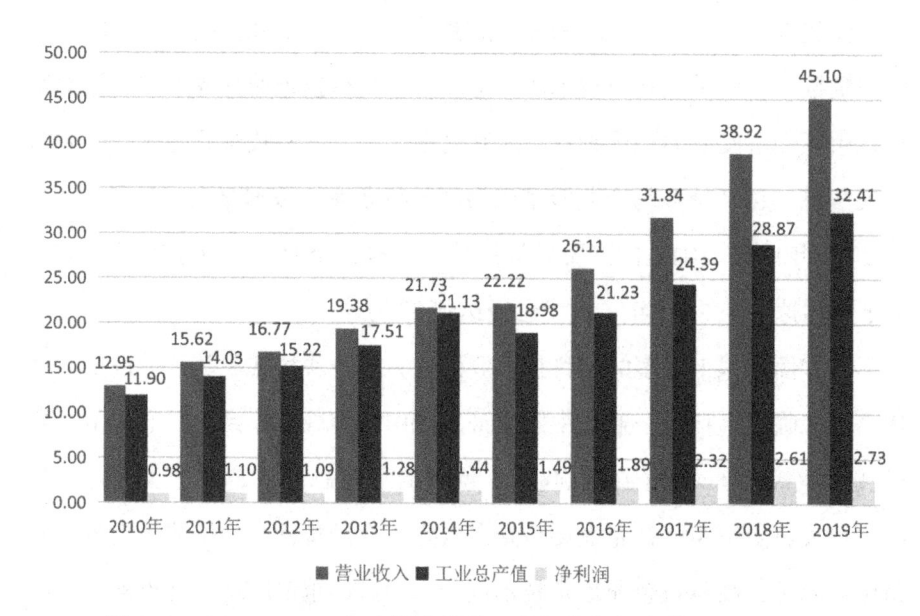

图 1-2 2010—2019 年中国高科技企业经营数据（单位：万亿元）

数据来源：国家税务局

另一方面，高科技企业纳入国家统计局的数量越来越多，在吸纳就业方面也做出了巨大贡献。高科技企业就业门槛相对而言不同于一般企业，对就业人员的素质要求、受教育程度要求更高。数据显示（见图1-3），自2013年以来，中国高科技企业就业人数逐年递增，虽然2017年以来增速有所放缓，但截至2019年，从业人数已经达到3437万人。

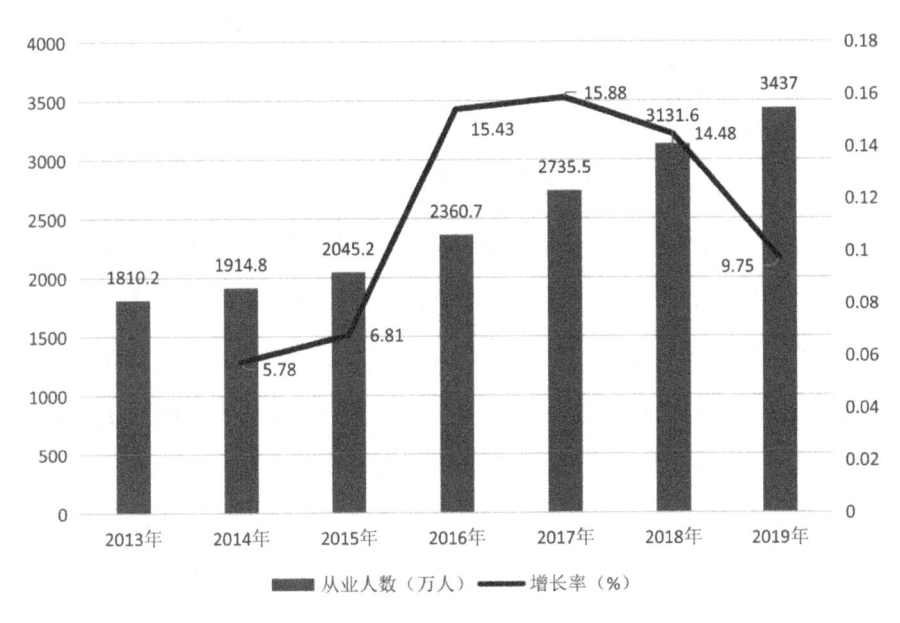

图 1-3　2013—2019年中国高科技企业从业人数趋势

数据来源：国家税务局

二、员工个人能力是基石

高科技企业组织能力的基石是员工个人能力，员工个人的职业稳定性对高科技企业组织能力的影响较大。

第一，目前研究鲜少关注中国高科技企业的组织能力层面和微观人才能力发展层面。随着中国高科技企业粗放式发展阶段结束，未来高科技企业竞争的关键在于组织能力,而个人能力是组织能力的重要表现形式之一。2019年,中国高科技企业容纳3437万人就业,这么庞大的高素质、高教育背景人群的职业稳定性对高科技企业组织能力的影响较大。过去对高科技企业的研究,主要集中在经营数据、组织绩效等运营成果层面,鲜少聚焦于应对外部环境变化的组织能力层面。而部分对中国高科技企业组织能力的理论研究中,研究者习惯于通过高科技企业表现出来的经营成果倒推影响组织能力提升的要素,而鲜少从高科技企业微观人才能力发展的角度进行研究。

第二,对中国高科技制造企业组织能力的研究具有重要意义。中国高科技企业中,高科技制造企业占据三分之一的份额,同时高科技制造企业也是将最前沿的科学技术转换为普通民众可以直接使用的产品的重要环节,因此高科技制造企业的组织能力研究意义更加重大。从中国高科技制造企业研发体系员工的职业生涯管理和任职资格管理着手,研究组织能力与微观人才发展管理手段间的关系具有较大的现实意义。中国高科技制造企业的研发体系员工,属于典型的知识型员工,知识型员工聚集也是中国高科技企业的典型特征之一,因而对知识型员工职业生涯稳定性以及能力开发的研究,是提升中国高科技制造企业组织能力的关键。

三、易变职业生涯易产生

作为高科技企业的员工,工作内容主要就是进行高科技产品或服务的研发与生产,其工作性质决定了高科技企业的员工与普通企业员工存在明鲜区别。这类高学历、高素质、高人生期待或者有一技之长的高科技企业知识型员工,具有以下一些明显的特征:追求自我价值的实现,他们不仅追求事业有成,而且希望体现自我价值;追求自我价值的认可,他们不仅希望凭借努力工作得到相应的物质报酬，而且希望得到精神上的奖励；普遍追求创新，他们会不断追求工作中的突破与新发现；追求终身就业能力，自主意识较强，具有非常强烈的参与管理的意识，希望自己能够对企业的发展起到积极作用；思想活跃，但意志薄弱，这跟他们的受教育程度息息相关，他们的想象力丰富，但有时候创新的想法跟现实会存在较大的差距；性格大多内向，他们的内心世界非常丰富，却不太善于表达自己。

高科技制造企业研发体系的员工在职业生涯上容易产生易变职业生涯。他们面临的技术发展压力、知识更新压力非常大，在一定层面上导致高科技制造企业人才流失率处在非正常水平。社会公众耳熟能详的高科技制造企业研发体系员工的中年危机问题被一再讨论，指的就是高科技制造企业里从事技术研发工作的员工到了35岁后面临的尴尬局面。企业研发体系高层岗位和研发管理岗位属于稀缺资源，研发体系员工的岗位越往上走机会越少。与此对应的是，研发体系拥有的高素质员工基数非常大，大量技术研发人员停留在基层岗位上，与知识型员工自我实现的诉求存在显著冲突。

目前，中国高科技制造企业的核心竞争力之一是高素质员工能够低成本获取，并且拥有源源不断的新鲜血液补充，这对于35岁以上的员工而言是一个极大的威胁，也使高科技制造企业研发体系员工的职业生涯管理遭遇极大挑战。中国高科技制造企业研发体系员工的素质比较高、创新能力比较强，对自己未来也有较高的期望值，因此他们对自己的职业生涯有明确的期待和规划，但与现实存在明显差异，导致易变职业生涯在他们的身上更容易发生。换言之，在中国高科技制造企业乃至整个中国高科技行业中，研发体系员工并没有办法看到一个完整且顺畅的职业生涯路径。目前，青年群体通过各种途径来提高职业规划能力，66.58%的青年表示自学过职业规划的内容，51.87% 的青年表示参加过校内相关课程，24.19% 的青年表示参加过职业规划培训机构或企业的培训讲座，如图 1-4 所示。

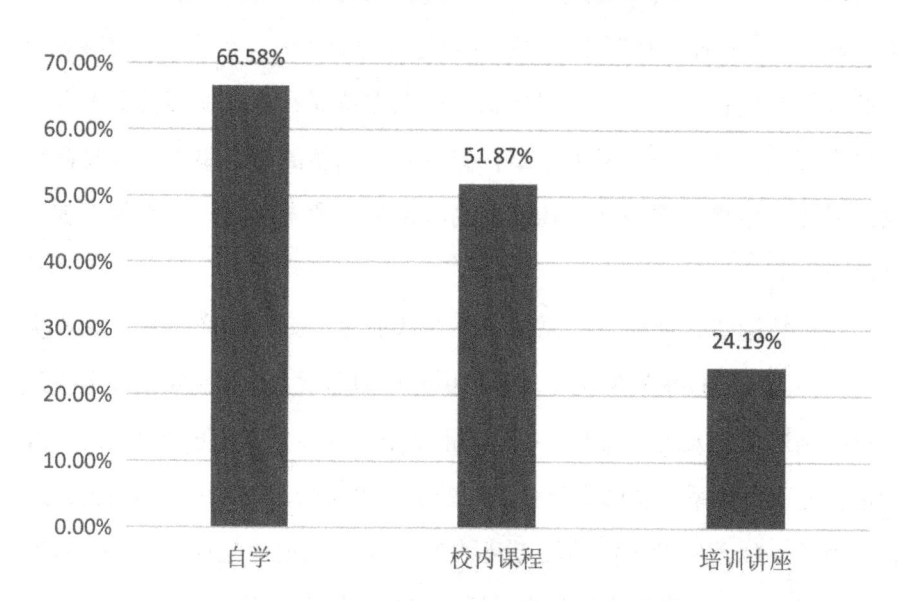

图 1-4　青年群体提高职业规划能力的途径

数据来源：《青年群体职业规划数据分析报告 2023》

知识经济时代背景下，中国高科技制造企业的竞争力将聚焦到知识型员工的竞争上，因此吸纳并留住知识型员工是提升组织能力的关键手段。由于前期高速发展阶段的管理模式粗放，导致高科技制造企业的研发体系员工职业稳定性偏低、整体流失率偏高，甚至部分行业内的龙头企业定期向社会输送成熟的行业科研人才，实质上就是将年纪偏大的人员变相裁员，导致中国高科技制造企业内部的研发人员对于职业的忠诚感、荣誉感有所降低。

因而，提升中国高科技制造企业研发体系知识型员工的职业荣誉感，降低易变职业生涯的频率，是当前阶段摆在中国高科技制造企业面前的关键问题，唯有持续激发研发体系员工的工作热情，使其基于职业发展长期规划能力提升路径，持续创新实践，才能整体提升企业的组织能力。本书通过探讨中国高科技制造企业在研发体系知识型员工个人职业生涯管理和任职资格管理方面的具体举措对其易变职业生涯的影响，进一步研究易变职业生涯与整个中国高科技制造企业组织能力的关系，积极探寻出对中国高科技制造企业组织能力提升有利的理论依据和实践路径，希望这些研究对中国高科技制造企业提升组织能力有所助益和借鉴。

第二节
研究问题

本书系统地探究了高科技制造企业的组织能力现状及其影响因素，从而指出：在理论层面，对员工个人职业生涯与组织能力的影响关系的相关研究略显不足；在现实层面，中国高科技企业的组织能力和效率仍有提升的空间，其知识型员工高学历、高素质的特点，也与传统企业员工具有明显区别。因此，探究高科技制造企业内员工的职业生涯规划、任职资格管理与组织能力的影响关系至关重要。

一、理论问题

目前理论界对于职业生涯管理、组织能力的研究都非常多，高科技企业在互联网时代已成为时代发展和社会进步的核心支柱，但研究高科技企业员工职业生涯与组织能力之间影响关系的文献并不是很多。从管理实践上来说，高科技企业在中国发展趋势向好、规模日趋增大，但高科技企业的组织效率依旧不高，组织能力存在比较大的提升空间。因此，本书提出以下一些核心的理论层面的研究问题。

第一，高科技企业组织能力的现状是什么？

第二，组织能力会受到哪些因素的影响？

第三，员工职业生涯管理如何影响企业的组织能力？

第四，易变职业生涯如何影响高科技企业员工的职业生涯规划管理？

第五，人力资源管理如何对高科技企业员工的职业生涯管理进行干预，任职资格标准能否起到积极作用？

第六，易变职业生涯对组织能力的具体影响因素包括哪些？

第七，组织支持感是否对易变职业生涯与组织能力之间的关系起到调节作用？

二、现实问题

进入 21 世纪后，伴随着知识经济时代的深入发展，世界正在发生着翻天覆地的变化，信息爆炸的互联网浪潮一浪高过一浪，处在互联网浪潮冲击下的高科技企业面临的挑战更加激烈和直接。信息技术的推动大多数是由高科技企业完成的，高科技产业逐渐成为推动技术进步的动力和经济增长的核心。由于高科技企业具有知识密集、技术密集、人才密集、资金密集等特点，因而它们在社会经济发展中具有非常强的辐射能力。在此背景下，高科技企业的发展不仅能够提高传统产业的技术附加价值，更能促进整个国民经济的高效益运转，也能带动社会各个领域的进步。

我国"十四五"规划提出坚持创新在我国现代化建设全局中核心地位，把科技自立自强作为国家发展的战略支撑。而作为科技创新主力军的高科技企业，承担着更重要的社会责任。

一方面，中国高科技制造企业研发体系的员工离职率高于高科技行业主动离职率的均值，造成这个现象的原因是多方面的。陈小平、肖鸣政（2020）深入解读以能力提升实践、动机激励实践、机会扩充实践为核心的高承诺人力资源管理实践与科技企业员工自愿离职之间的关系，对于京津冀区域的科技企业核心知识员工的主动离职原因进行剖析，该研究的着眼点是自愿离职在高承诺人力资源实践与创新绩效之间的中介效应，具有一定的可借鉴性；王冠鹏等（2022）以国际商业机器公司的员工流失问题为切入点，采用高维数据变量筛选的方法统计分析该公司员工流失的诸多影响因素，并对该公司员工的离职情况进行了预测，但该研究仅从一家特定的公司入手且为国外公司，对国内公司的参考价值存在一定的局限；潘磊（2021）研究了我国IT企业人才流失的现状、原因等，并提出相应对策，对IT企业人才管理工作提供参考借鉴，但该研究并未进行现实案例分析，也未进行实证检验，仅是理论的推导，其结论缺乏支撑力度。研究高科技企业，乃至中国高科技制造企业研发体系的员工流失方面的文章还有很多，但鲜少有从员工能力管理角度出发分析知识型员工离职的研究。

另一方面，中国高科技制造企业研发体系员工的高主动离职率，也对高科技制造企业组织能力和表现出来的经营绩效带来一定的影响。互联网时代，企业对于知识型员工的要求不断提高，目前普遍认为知识型员工应具备下列几个特点。

（1）具备较高的个人素养。知识型员工应在某个或某些领域具备较为专业的业务技能和理论基础，并能比较高水准地处理相关业务工作，为此，他们往往具备良好的教育背景，并养成了较强的自主学习能力。在遇到问题时，知识型员工往往更善于主动学习与思考，善于应对新的挑战，责任心强。他们在工作中具有较强的主观能动性，具有一定的综合能力，能够通过自己不断提升的业务素养来实现自身价值。

（2）具备较强的主观能动性。与传统的机械性工作的员工不同，知识型员工在岗位上往往表现出更强的主动性、自觉性。他们不满足于长期从事重复性工作，而是主动要求接受新的挑战，并从难度不断提升的新工作中逐步发挥自己的潜能。他们大都不畏惧复杂的工作，并能在大部分环节中沉着应对、冷静分析，通过自身的业务技能来不断创造更为可观的业绩，工作中目标明确、思维清晰，能够充分发挥主观能动性。

（3）能够创造高价值的创新性劳动成果。知识型员工所从事的工作并非是机械劳动可以完成的，他们需要将更多的创造性投入工作事务的应对和解决之中，从而在发挥自身才干的同时，为企业创造更多的价值。由此可见，知识型员工能够发掘更多的创造性成果，而恰恰是这些劳动成果的积累，构成了企业在市场中十分重要的核心竞争力。

（4）具有强烈的自我实现的意愿。良好的教育背景、较高的学历使得知识型员工更加期待在工作中通过不断努力而实现自身价值。因此，他们往往保持着不断学习、主动提升自我的良好习惯，并且勇于接受工作中的挑战，期待在挑战与学习中不断实现自我的提升，从而创造更多的价值。由此可知，知识型员工对于自我价值的实现通常比较强烈，他们能够为企业创造更多价值，同时也对企业、对个人付出的认同提出了更高的要求。

（5）劳动过程难以监控，劳动成果难以量化。传统的机械式工作具有可以不断重复的流程，因此这一过程是可以有效监控，且劳动成果也是可以量化考核的。但是，知识型员工所从事的工作属于脑力劳动，工作过程是分析、思考、创造的过程，没有固定的工作流程，因此，这一过程通常是难以进行监控的。此外，知识型员工的劳动成果通常是团队共同的成果，或者是以工作思路、创新点等形式体现，因此量化考评的难度较大，或者仅仅可以通过发表论文或专利、专著等形式进行间接考核，而这种考核办法有时会有一定的不公平性。由此可见，知识型员工的劳动成果是非常难以量化的。

高科技企业在资源的诉求上也具有高智力、高投入、高竞争、高收益、高风险等特点，与之对应，高科技企业的员工一般具有高学历、高素质，拥有一技之长，大多数属于知识型员工，他们跟传统企业的员工存在非常鲜明的区别。高科技企业的员工主要的工作是从事高新技术产品和服务的研发生产和经营活动。这些特点在一定程度上影响着高科技企业员工的职业生涯规划。本书的研究对象中国高科技制造企业研发体系员工，本质上就是这种知识型员工，他们的职业生涯管理和任职资格管理将影响其易变职业生涯，从而影响到中国高科技制造企业的组织能力。

第一章 绪论

第三节

研究目标与意义

21世纪是信息化时代，也是数字化变革、共享经济来临的时代，在这个时代潮流下，高科技企业承担着技术迭代、推动时代进步的重任，而高科技制造企业承担着将科技成果转化为实用性产品，以实用性产品促进社会生产效率提升、改变居民生活方式的任务。在此背景下，高科技制造企业研发体系员工，成为时代技术变革的关键抓手和推动力，其工作成果关乎高科技制造企业产品与技术的迭代。进入21世纪以来，中国在世界经济中的地位越发重要，因此高科技制造企业组织能力的提高与整个时代的进步之间有着举足轻重的关系。而通过研究中国高科技制造企业研发体系员工的任职资格管理与职业生涯管理对企业组织能力的影响关系，可以探析时代背景下承担社会技术进步关键任务的影响要素，也能进一步剖析时代发展与个体人才间的具体关联关系。

处于信息化浪潮下、面对社会经济环境变动频繁的现实，如何以人为本，构建研发体系员工清晰的职业发展路径，切实提高研发体系员工个人能力，进而发展高科技制造企业整体的组织能力，成为摆在中国高科技制造企业经营决策者以及管理学者面前的重要问题。通过对中国高科技制造企业组织能力的研究，以及对中国高科技制造企业组织能力与研发体系员工职业生涯稳定性、职业发展路径的清晰程度间的关联关系的研究，为所有中国高科技制造企业乃至全球高科技制造企业提供一些借鉴，本书具有一定的理论与实践意义。

一、研究目标

本书的研究目标包括 5 个方面。

第一，总结中国高科技制造企业组织能力的现状。经历 40 余年的改革开放，中国高科技制造企业将面临越来越多的来自国内和国外企业的挑战，企业与企业间的竞争也越来越激烈，在激烈的竞争中能够处于长期不败的企业，其组织能力必然有过人之处。

第二，梳理和识别出组织能力的影响因素。在高科技企业，组织能力的影响因素到底包括哪些？通过研究和查阅国内外学者在组织管理、组织能力、员工职业生涯管理、员工管理等方面的研究成果和文献，对员工职业生涯管理等研究成果进行定性分析，可以梳理与识别出高科技企业组织能力可能存在的影响因素。

第三，研究职业生涯管理对高科技企业组织能力的影响，包括高科技企业的任职资格管理对员工职业生涯管理的影响等。

第四，研究易变职业生涯、员工职业生涯管理与高科技企业组织能力间的关系，以及易变职业生涯如何发挥中介变量的作用。

第五，研究组织支持感在易变职业生涯与组织能力之间是否起到调节作用，起到怎样的调节作用。

在研究以上 5 个问题的同时，本书进一步提出了高科技企业打造和提升组织能力的对策和具体建议。

二、理论意义

本书旨在在信息时代来临之际，对影响信息技术更新迭代、信息化产品迭代升级的中国高科技制造企业组织能力的影响因素进行研究，并将研究重点聚焦在中国高科技制造企业核心资源之一的研发体系员工的职业生涯管理与任职资格管理上，具有一定的理论意义。

第一，本书是基于国家创新战略，立足于实践领域，对中国高科技企业组织能力的进一步探索。党的十九大报告提出："创新是引领发展的第一动力，是建设现代化经济体系的战略支撑。"基于此，本书以中国高科技制造企业为研究对象，提出中国高科技制造企业为保持持续的组织能力而有可能努力的方向。

第二，本书为中国高科技制造企业在当下复杂多变的环境下，如何降低研发体系员工的高流失率，使其持续保持组织能力提供了可采取具体行动措施的建议。自2010年以来，中国高科技制造企业研发体系员工流失率居高不下，甚至有相当一部分流失人员永久离开高科技制造研发行业，转行进入其他行业。核心的研发体系人员流失，成为中国高科技制造企业组织能力流失的主要因素。

第三，目前学术领域对于高科技企业员工流失、知识型员工流失的研究较多，但深入研究高科技制造企业研发体系员工任职资格管理与职业生涯管理和知识型员工流失间的关系，以及研发体系员工任职资格管理与职业生涯管理对企业组织能力影响关系的研究并不多见，因此本书的研究在中国高科技制造企业组织能力与其影响因素层面有一定的价值。

三、现实意义

本书的论证结果表明，中国高科技制造企业研发体系员工的易变职业生涯，能够在员工职业生涯管理与任职资格管理对企业组织能力的建设和提升方面起到中介效能，即中国高科技制造企业可以通过在研发体系员工的职业生涯管理与任职资格管理层面的努力，影响研发体系员工的易变职业生涯发生正向变化，从而提升中国高科技制造企业的组织能力，为中国高科技制造企业创造更高的绩效提供基础支撑。

第一，为中国高科技制造企业的组织能力提升提供了新的思路。进入21世纪以来，高素质的优秀人才成为各行各业竞争的关键因素，对于中国高科技制造企业的研发体系而言，优秀人才更加是关键核心，但实际情况是，中国高科技制造企业研发体系人才的流失率居高不下，导致中国高科技制造企业的组织能力始终难以提升，竞争转为人才资源的低成本竞争，进一步加剧了中国高科技制造企业研发体系优秀人才的流失。随着我国经济的持续快速发展，人口红利也在逐步消失，中国高科技制造企业研发体系的人力资源也必须接受由数量到质量的转变，而在这个背景下，研究中国高科技制造企业组织能力与研发体系高素质人才的职业生涯管理与任职资格管理的关系，是一个全新的思路。

第二，有利于中国高科技制造企业研发体系的知识整合创新。在21世纪这个以人才竞争为主旋律的时代，研究中国高科技制造企业研发体系员工的任职资格管理与职业生涯管理，必然会对高科技制造企业研发体系员工任职所需的知识、经验、技能和行为进行提炼和总结，在这个过程中将会对中国高科技制造企业研发体系优秀员工的行为进行解构，分析其内在的知识、技能、素质、经验和关键行为的耦合关系，这一研究将有利于对中国高科技制造企业研发体系的知识进行整合创新，并提出创新需求。在对这些因素进行研究后，中国高科技制造企业研发体系员工的知识和能力必将出现倍增与聚变，组织能力提升是一种必然结果。

第三，为中国高科技制造企业研发体系用人与提供人才打开新的视角。中国高科技制造企业研发体系人员的普遍年龄在 22~35 岁，超过 35 岁后，除少数能够进入研发管理类岗位外，都面临着彻底离开研发体系的困境，部分企业甚至打着"定期向社会输送从业经历 10 年以上的资深人才"的旗号实施裁员，更加剧了中国高科技制造企业研发体系人才的职业前景焦虑程度。这些被原企业定期输送的 35 岁以上的研发体系人才，面临着不得不转换职业路径的选择，造成研发体系人才在个人能力提升方面的短视行为严重。对于中国高科技制造企业的研发体系而言，"家有一老，如有一宝"的道理同样适用，资历较长的员工对于中国高科技制造企业研发体系而言，无论是知识与经验的传承，还是组织能力的螺旋式提升，都至关重要。

第四，为中国高科技制造企业组织能力提升提供了低成本、高效益的思路与策略。本书的实证分析验证了员工个体易变职业生涯在中国高科技制造企业的组织能力和研发体系员工的职业生涯管理、任职资格管理之间起中介影响作用。对于中国高科技制造企业组织能力提升与效率提升而言，研发体系员工的职业生涯管理在于引导，任职资格管理则是知识与行为的校准与要求，具有积极的意义和作用，同时也是一种低成本、高效益的方式与策略。关于中国高科技制造企业研发体系员工的职业生涯管理与任职资格管理的研究较多，但本书创新性地导入易变职业生涯这一中介变量，存在一定的理论意义和现实意义。

/ 第四节 /

概念界定

本书中涉及的职业生涯管理、任职资格管理、易变职业生涯和组织能力，国内与国外学者已经研究颇多，均有明确的概念和内涵，在本书的研究中，这4个概念既继承了现有学者的观点，也有特定的边界和理论框架，以及专属的应用范围。

一、组织能力

20世纪50年代，Edith Penrose（1959）在他的企业成长理论中提出了企业组织能力的概念，后来逐渐发展为动态组织能力理论（Subba Narasimha，2001）。Teece等（1997）提出组织动态能力这一概念，强调对快速的环境变化的适应，组织过程独特性，学习、整合、创新的重要性。Sanchez（1997）则是把复杂适应系统理论应用于企业动态能力理论，复杂适应系统理论强调了动态的组织能力，使组织管理的研究视角转向组织—环境的动态交互、演化（张永安、李晨光，2010）。

近年来，国内对组织能力的研究显著增加。在信息时代，高科技是影响时代前进和变革的核心因素，因此高科技制造企业的组织能力提升具备不确定性和多变性的特征，现有的大部分研究表明，组织能力的核心在于资源的配置效率和企业独特的竞争优势（余传鹏等，2024；马鸿佳等，2021）。

对于组织能力概念的更多相关研究，如表1-1所示。

表1-1 组织能力的概念

学者	年份	观点
杨火木等	2024	以"韧性即过程"观点为基础，将组织韧性的形成概念化为组织能力，认为具有韧性的组织往往具有观察环境以识别潜在威胁、应对逆境冲击和从逆境中反思学习的能力，并强调组织能力与影响要素之间的驱动关系
张建宇等	2023	认为组织能力主要是能够将组织拥有的资源转化为竞争中的差异化优势的能力，具体而言，组织能力体现为系统、协调地收集经营环境中产生的各种信息和资源，使管理者进行有效决策、企业快速适应环境变化的能力
可星等	2020	组织能力的概念不仅适用于企业，更适用于整个产业、城市、地区乃至国家，组织能力越强，则组织应对动态变化、复杂环境的能力就越强，竞争力就越强，而组织能力对组织竞争力的优化是通过对组织流程的设计、优化与重构实现的，资源重构和更高效的组织运营流程就是组织能力
罗亮梅	2019	组织能力就是企业在市场竞争中有效地配置与应用资源，并发挥其核心竞争优势的能力
Yang 和 Tong	2017	组织能力的本质是整合累积性知识，表现为适应组织环境的能力
张肖虎和杨桂红	2010	组织能力是一个组织通过使用组织资源，执行一系列相互协调任务，以达到某个具体目标的能力，也可以说是一种解决问题的能力
Teece	2007	差异化的技能、流程、程序、组织结构、决策规则等是组织感知、获取及重新配置能力的要素
Gavetti	2005	管理者对战略决策问题的认知表现能够推动组织进行搜寻活动，促进能力积累

本书认为，组织能力就是一个企业运营的综合能力。可以用这样的方式去理解组织能力：任何企业都处于激烈的市场竞争中，当一个企业与同行业的其他企业所拥有的资源禀赋相同时，那么在拥有资源水平相同的情况下，能够将资源更快、更高效、更多、更高质量地转化为产品或服务的企业，就具备更强的组织能力；组织能力反映的是企业应用资源、转化资源的能力，因此组织能力在企业的任意一个生产经营环节中都会有所体现。

二、职业生涯管理

职业生涯管理系统的研究发端于美国，职业生涯领域的主导理论成型于20世纪中期。如今常常谈起并被不断引用的理论，如帕森斯的人职匹配理论、霍兰德的职业生涯类型理论、舒伯的生涯发展阶段理论、克鲁姆博茨的生涯发展的社会学习理论、施恩的职业锚理论等，都是那个时代的产物（周文霞等，2020）。现代人所处的职业环境与这些理论提出时的职业环境相比有了巨大的变化，从一而终、线性发展的生涯状态早已被无边界、易变性、多元化的职业状态所取代。

职业生涯管理是现代企业人力资源管理的重要内容之一，是企业帮助员工制定职业生涯规划和帮助其职业生涯发展的一系列活动。职业生涯是企业竭力满足管理者、员工、企业三者之间的动态平衡的系列活动。逯野等（2023）认为职业生涯管理是一种主动的职业发展行为，是员工主动进行职业探索，确定职业发展目标，制定职业发展规划，并对自身的行为进行规范与约束的一系列综合性职业活动。杜军等（2023）认为职业生涯管理是指组织根据自身的发展目标，同时结合所属人员的发展需求，制定组织职业需求战略、职业变动规划与职业通道，并采取必要的措施加以实施，以实现组织目标与个人自身职业发展目标相统一的过程。

关于职业生涯管理的概念，如表1-2所示。

表1-2 职业生涯管理的概念

学者	年份	观点
刘春妮等	2023	职业生涯管理是指企业帮助员工制定职业生涯规划和帮助其职业生涯发展的一系列活动，包括组织管理及自我管理两种形式
盛宇华、邓勇锋	2021	与一般的组织职业生涯管理相比，发展型职业生涯管理强调员工的培训和发展，认为组织应该在满足员工基本需求的基础上，为员工提供进一步提升和发展的资源与机会，并为之制定一条长期的、具有弹性的发展道路，激发员工产生积极的工作态度和工作行为，从而提升工作绩效
童举希等	2021	职业生涯管理的核心目标在于在动态中匹配组织与个体发展目标的长期需求，以期最终影响组织内个体的职业态度、职业成功以及职业满意度等结果变量
杜丽、毛红波	2020	组织职业生涯管理是由组织通过一系列管理方法，以发掘员工潜能，调动员工积极性，使其实现自我价值的动态过程
张建卫等	2019a	自我职业生涯管理是指个体为满足组织和自我发展需要，根据自身实际发展状况，在组织内外寻求自我发展与完善的行为，包括自我认识、目标规划、专业发展、理解组织和关系构建
周文霞、辛迅	2016	组织职业生涯管理是由组织主动实施的，用于促进组织内的雇员实现其职业发展目标的一系列行为过程，包括为雇员提供职业生涯设计和咨询、职业指导、职业信息、绩效反馈、职业培训与开发，以及提供各种职业发展机会等。组织职业生涯管理的措施只有被个体感知到，才能对个体产生作用。个体职业生涯管理是由个体在组织环境下主动实施的，用于提升个人竞争力的一系列方法和措施，其目的是促进个体职业生涯发展

基于上述分析，本书认为必须将个人的职业生涯管理与组织目标结合起来，才能实现职业生涯管理的根本意义。职业生涯管理包括员工个体的

职业规划、人生目标以及关键影响人群的期望等，并不单单是员工个体的兴趣爱好与职业生涯规划。影响员工职业生涯管理的因素包括员工个人的职业兴趣、亲友对员工职业的期望、员工职业在社会上的受尊重程度、职业本身成长路径的完备程度等。

三、任职资格管理

任职资格管理的相关研究最早可以追溯到泰勒的科学管理理论，科学管理理论指出任职资格管理可以通过激发员工的生产活力来提升工作的效率，这也是从经验管理模型向科学管理发展的一个重要的标志。Kossek等（1998）提出，要想高效地开发企业中的人力资源，提高企业中的人才素质，就必须将企业的任职资格体系与雇员的发展意愿相结合，来管理企业中雇员的职业生涯，帮助有计划实现个人发展的雇员，利用任职资格管理，企业能够在重要岗位上找到合适的替代者，从而实现雇员生涯发展的需求，使更多的雇员拥有更好的自我认知与自我发展能力。

关于任职资格管理的概念，如表1-3所示。

表1-3 任职资格管理的概念

学者	年份	观点
徐辉	2022	专业技术职务任职资格即专业技术领域的任职资质，是一种学术专业话语权
王志鸿、姜海	2021	任职资格的评价和认定是周期性工作，用来规范和评价员工能力，分级分类差异化绩效管理解决员工业绩评价问题
王义、任君庆	2018	任职资格体现了对任职人员的资质要求和期望，一方面任职资格是承担某一职位的前提条件，也是完成这一岗位工作的必要条件；另一方面任职资格不等于胜任力，取得任职资格是担任岗位的最低要求

续表

学者	年份	观点
王玥琳、施国庆	2017	任职资格体系更加注重对员工工作能力的考核，将重点放在个人的职业技能上
郑骥飞等	2016	KSAO（Knowledge, Skill, Ability, Others）是员工任职资格的描述模型，指胜任一个岗位所必备的知识、技能、能力和其他特质，人才选拔的标准是人岗匹配，而KSAO正是人岗匹配的分析基础
丛龙峰等	2014	任职资格体系不同于素质模型，更多的是一种对日常工作行为的要求，重点在于各类技能
王磊	2012	任职资格体系的建立是一项重要的人力资源管理实践，对于实现企业战略目标、实现企业与个人的共同发展有着重要的意义。系统的规划是任职资格管理体系成功的前提，合理职位群划分是任职资格管理体系成功的基础，切合企业实际的任职资格等级标准是任职资格管理体系成功的关键，有效的激励体系是任职资格管理体系成功的保证
冯静颖	2012	任职资格是某特定岗位任职者所需具备的各种资质的综合，这种资质既包括所学专业、学历水平及工作经历等刚性指标，也包括可迁移的软性技能和心智能力，如创造高绩效所需具备的沟通能力、协调能力、健康的心智模式以及态度和动机等。任职资格体系则是包括任职资格标准、任职资格认证及相关配套制度等在内的系列制度的综合
吴春波	2010	任职资格管理是根据企业战略目标和企业经营管理的需要，对企业员工的工作能力和工作行为进行的系统管理，是企业人力资源管理中的重要环节，它不仅与人力资源管理战略密切相关，而且与员工招聘录用、薪酬管理、绩效管理、员工职业生涯设计以及员工培训等人力资源板块紧密联系，并为后者提供了基础性的支持依据

基于上述分析，本书认为，任职资格管理应当从称职胜任的角度出发，对员工能力进行分等分级，以任职资格标准体系规范员工的培养和选

拔，建立员工职业发展通道，牵引员工不断学习，同时为晋升、薪酬等人力资源工作提供重要的依据。任职资格管理体系主要包括任职资格标准管理、任职资格认证管理两个方面。

四、易变职业生涯

知识经济和全球化加剧了组织外部竞争环境的不确定性，同时也改变着职业生涯的发展模式（李敏等，2017）。个体职业生涯发展路径越来越强调个人的主体作用，不再像过去那样仅依赖于组织求得职场生存（Hall，2002）。于是，主张自我生涯规划、个体价值驱动倾向和主观职业评价的易变职业生涯概念应运而生（Briscoe 和 Hall，2006）。

易变职业生涯最早是由 Hall（1976）根据希腊神话中早期海神 Proteus 的故事提出的。Hall 认为易变职业生涯就是一个和传统"固定"的职业生涯取向相对应的职业生涯观念，是个体对职业生涯进行自我管理的过程，个人选择在该现象中占据主导，个体综合运用了其在教育、培训、工作等方面的各种经验，易变职业生涯取向的个体以个人成长与自由为价值取向。对此，越来越多的人对工作的观念发生了转变，曾经大多数人认为工作就是从一而终的，坚守在一家企业中，遵循企业的职业发展道路，在同一家企业度过自己全部的职业生涯。然而在当今高度不确定性的经济环境下，各种多元化思想发生碰撞，越来越多的人突破了传统的职业生涯理念，主动在人生中进行多次职业生涯变化，转岗、离职、跳槽，寻找自己真正喜欢的工作，这种现象便是易变职业生涯。

对于易变职业生涯概念的更多相关研究，如表 1-4 所示。

表 1-4　易变职业生涯的概念

学者	年份	观点
王琼	2022	易变职业生涯倾向越高的个体，更倾向于自我承担个人的职业发展，且以自身的而非他人的价值观来界定职业发展
崔宝琛和彭华民	2019	在知识经济背景下，职业生涯的价值导向和自我导向趋势加深，职业生涯的驱动力由组织向个体过渡，易变性职业生涯由此形成
高中华等	2018	易变职业生涯定向（Protean Career Orientation，PCO）作为易变职业生涯衍生出来的子概念，是易变职业生涯的主观层面，强调在易变职业生涯中个体进行自主职业选择的倾向，而易变职业生涯除了包含主观层面的易变职业生涯定向，还包含客观层面的职业选择
Direnzo 等	2015	易变职业生涯定向是指个人通过自主地管理职业生涯来实现主观职业成功的一种倾向
Lips-Wiersma 和 Hall	2007	易变职业生涯是一个大的理论概念，反映了全球化、竞争压力和技术进步多重驱动下的就业关系和组织结构的变化
Hall	2004	易变职业生涯倾向是个体通过自主引导的职业行为，选择个人职业发展路径，以寻求心理职业成功的模式

综上所述，本书认为易变职业生涯是指由于个人价值观、工作环境的变化，员工个人选择改变职业生涯规划的行为。易变职业生涯并非意味着职业生涯的不稳定和中断，而是员工个体对职业生涯的认知发生了变化，这种变化不一定导致工作岗位的变更，且这种认知的变化可能会让员工个人的职业发展水平实现飞跃。

五、组织支持感

1986年，社会心理学家Eisenberger在基于社会交换理论的视角探讨员工激励问题时，认为要从组织层面给予员工更多的关怀与支持，进而促进成员努力工作以实现组织目标。在此基础上将组织支持感定义为：员工对于组织给予他们的价值重视和利益关心的感知或感受。Witte（1991）认为组织支持感包括员工所感受到的组织对他们的承诺、支持和关心等，认为组织支持感是员工对组织关心的一种整体感知。与Eisenberger不同的是，Witte重点考虑了消极工作情境，强调组织支持感主要体现于组织在不利条件下对员工的支持。McMillin（2014）认为组织支持感不应该只来源于个体的情感需求，设备、资源和环境等工具性支持也能够增强员工对于支持的感知。Rhoades等（2012）填补了组织支持感在情景方面的空白，认为组织支持感是在组织有利或不利的境况下，员工感知到组织对其态度是否不同、贡献是否重视。

我国学者对组织支持感内涵的界定是在国外学者的研究基础上进行的，是符合中国国情特色的归纳总结。学者们对组织支持感概念界定的表述虽然不同，但对其内涵的理解大致相同。詹小慧、李群（2020）将组织支持感简要概括为员工所感受到的组织给予的支持与关怀。组织对员工的欣赏、认同和肯定，可能会增加自身胜任感（刘玉新等，2019），帮助员工建立实现目标的信心。

对于组织支持感概念的更多相关研究，如表1-5所示。

表 1-5　组织支持感的概念

学者	年份	观点
苏蒙等	2024	个人对组织如何看待其所做出的贡献并关心其福祉的总体信念就是其所构建的组织支持感
谢志勇、王红	2024	组织支持感即员工关于组织重视其贡献和关心其福祉的程度所形成的整体信念
何志伟、孙新波	2023	组织支持感是个体对组织的一种主观评价，是个体感受到组织重视他们的贡献及关心他们总体福祉的程度，并认为它是决定个体工作幸福感和做出绩效的重要因素之一
王明辉等	2021	组织支持感是描述组织成员感知到的组织对其重视和关心的程度
李晓林等	2021	组织支持感是指员工所感受到的来自组织方面的支持
张光磊等	2019	组织支持感指个体对组织怎样看待其贡献并关注其幸福感的感知与看法
闫文昊等	2018	组织支持感是个体对组织如何评价他们的贡献和关注他们利益的感知，当员工感受到来自组织的支持、关心和认同时，他们就会有较高的组织支持感
凌文铨等	2006	组织支持感是指员工对组织是否重视他们的贡献、关心他们的幸福感的全面看法，传达了组织的期望和对其成员价值的认可

综上所述，本书认为组织支持感的重点应当从员工出发，归纳为组织对员工的欣赏、认同以及提供实质性的帮助，能够被员工所感受到的程度。

/ 第五节 /
研究对象、内容和技术路线

一、研究对象

本书以中国高科技制造企业为研究对象,通过对过往学者研究成果的梳理,设计调查问卷、获取样本数,进而进行统计分析,验证本研究的假设情况。

1. 理论领域

知识经济时代是竞合时代,是共享、共创、共赢的技术更新迭代加速的时代,企业的发展离不开核心优势,离不开高素质核心人才的努力与才智,在此背景下,研究作为知识经济时代核心推手的中国高科技制造企业,有较大程度的代表性。虽然组织能力、职业生涯管理、任职资格管理的研究汗牛充栋,但本书研究的重点是中国高科技制造企业研发体系员工的职业生涯管理和任职资格管理,其他组织能力影响因素并未纳入本研究范围内。本研究主要以职业生涯管理、任职资格管理两个自变量,以及易变职业生涯这一中介变量共同对因变量组织能力的影响作为理论研究内容。在此基础上,导入了个人能力与组织能力循环发展、任职资格管理自驱动等理论和研究路径，以期丰富本研究的理论范畴。

2. 应用边界

本书以中国高科技制造企业的组织能力提升为切入点，探析职业生涯管理和任职资格管理两个自变量如何促进中国高科技制造企业组织能力提升，进而提升企业的综合经营绩效问题。导入易变职业生涯作为中介变量，研究的核心机制便是中国高科技制造企业的组织能力提升受高素质的研发体系员工留任的影响，而这一要素又受到中介变量易变职业生涯影响。所以，研究结果可以为更多的中国高科技制造企业留任高素质研发体系员工、提升组织能力，以及中国高科技制造企业的管理创新和发展提供一个新的视角，拓展了本研究的应用边界。

本书通过对国内外相关文献资料进行回顾和综述，明确组织能力相关影响因素中现有的研究成果和研究结论，分析已有成果和结论的不足之处，结合当下时代发展的背景以及知识经济时代下中国高科技制造企业所处的不确定性环境，指出中国高科技制造企业在研发体系员工职业生涯管理和任职资格管理层面的投入与举措，能够影响研发体系员工的易变职业生涯，从而进一步影响中国高科技制造企业的组织能力。

二、研究内容

本书通过文献研究法归纳得出具体的研究假设，通过调查问卷法获取数据，并对数据进行分析验证最终的假设。本书共包括绪论、理论基础与文献综述、研究方法与研究设计、实证分析、案例分析、策略与建议、结论与展望7个部分。

第一章，绪论。主要阐述本书的理论背景和实践背景，从理论和实践两个视角探析研究的意义所在；提出研究的问题、研究目标、研究意义、研究范围、前提假设、研究局限性、研究方法,界定研究中所涉及的核心概念,包括组织能力、任职资格管理、职业生涯管理、易变职业生涯和组织支持感;介绍研究的技术路线和架构。

第二章,理论基础与文献综述。首先介绍相关的理论基础,包括组织能力"杨三角"理论、人与环境匹配理论、职业生涯管理理论、社会认知理论。而后对组织能力、任职资格管理、职业生涯管理、易变职业生涯、组织支持感五大核心研究变量,从内涵、测度与相关研究等方面进行系统性的文献综述和归纳,并对五大变量中的维度测量与选择进行详述,找出适于本书的维度测度方式。

第三章,研究方法与研究设计。根据文献综述与已有研究的思路、研究现状、主要研究结论或成果,以及有待探索的研究空间,提出相关假设。基于本书的研究核心——中国高科技制造企业研发员工职业生涯管理对组织能力的影响,通过中外文献的再次梳理与分析,确定适合的变量测量工具,结合研究目的,制定出科学的实证研究计划,形成本书调查问卷;经过与相关专家和导师的多次探讨与修正,并结合部分调查人员的反馈意见,再对测量的题项细节描述进行审慎性微调,形成适合本书的实证问卷,使其更适合中国高科技制造企业的实际情况,为后续的调研做好准备。

第四章,实证分析。通过实证分析,采用 SPSS 26.0 和 AMOS 24.0 软件,对前文所提出的假设进行意义验证。包括描述性统计分析、基于社会人口统计学特征差异性的分析、组织能力驱动因素的路径分析与假设检验、组织支持感的调节效应分析及假设检验。

第五章,案例分析。选用了 3 个较具典型性的高科技制造企业作为案例企业进行研究,首先对案例企业进行了简要介绍,其次从职业生涯管理、任职资格管理、易变职业生涯、组织能力、组织支持感 5 个变量角度及其维度对企业的现状进行分析，并对企业在这 5 个方面取得的成效进行剖析，最后比较 3 家企业所取得的成果。

第六章，策略与建议。基于波士顿矩阵构造高科技制造企业组织能力模式，划分出自驱型、效能型、一般型以及管理型 4 种模式，阐明这 4 种模式的实现路径，并在此基础上对中国高科技制造企业的组织能力提升提出可行性的建议与对策。

第七章，结论与展望。归纳总结全书的研究内容与结论，而后从问卷调查、变量测度、中介变量选择等方面来阐释本书的不足之处。未来的研究可以在研究视角和研究方法方面考虑得更全面一些。

三、技术路线

本书的技术路线，如图 1-5 所示。

```
┌─────────────────────────────┐
│      第一章 绪论             │
│  研究背景与选题依据；         │
│  研究意义、内容与方法         │
└─────────────────────────────┘
              ↓
┌──────────────────┐  ┌──────────────────────┐
│ 第二章 理论基础   │  │ 第三章 研究方法与     │
│ 与文献综述        │  │ 研究设计              │
│ 基础理论与相关研究；│ │ 研究假设提出；构建理论模型；│
│ 阐释立论根据      │  │ 问卷设计；数据收集；预调研│
└──────────────────┘  └──────────────────────┘
              ↓                    ↓
┌──────────────────┐  ┌──────────────────────┐
│    问卷调查       │  │ SPSS 26.0 和 AMOS 24.0│
│ 样本与数据；量表分析│ │ 路径系数检验；回归分析 │
└──────────────────┘  └──────────────────────┘
              ↓                    ↓
        ┌─────────────────────────┐
        │   第四章 实证分析        │
        │ 描述性统计分析；路径分析；│
        │ 调节效应检验             │
        └─────────────────────────┘
```

构建理论模型　　　　控制变量

职业生涯管理　　组织支持感
任职资格管理　→　易变职业生涯　→　组织能力

```
        ┌─────────────────────────┐
        │    第五章 案例分析       │
        │ 假设验证；效果分析；比较分析│
        └─────────────────────────┘
                    ↓
┌──────────────────┐  ┌──────────────────┐
│ 第六章 策略与建议 │  │ 第七章 结论与展望 │
│ 组织能力模式及对策；│ │ 研究结论；研究不足；│
│ 研究建议          │  │ 未来展望          │
└──────────────────┘  └──────────────────┘
```

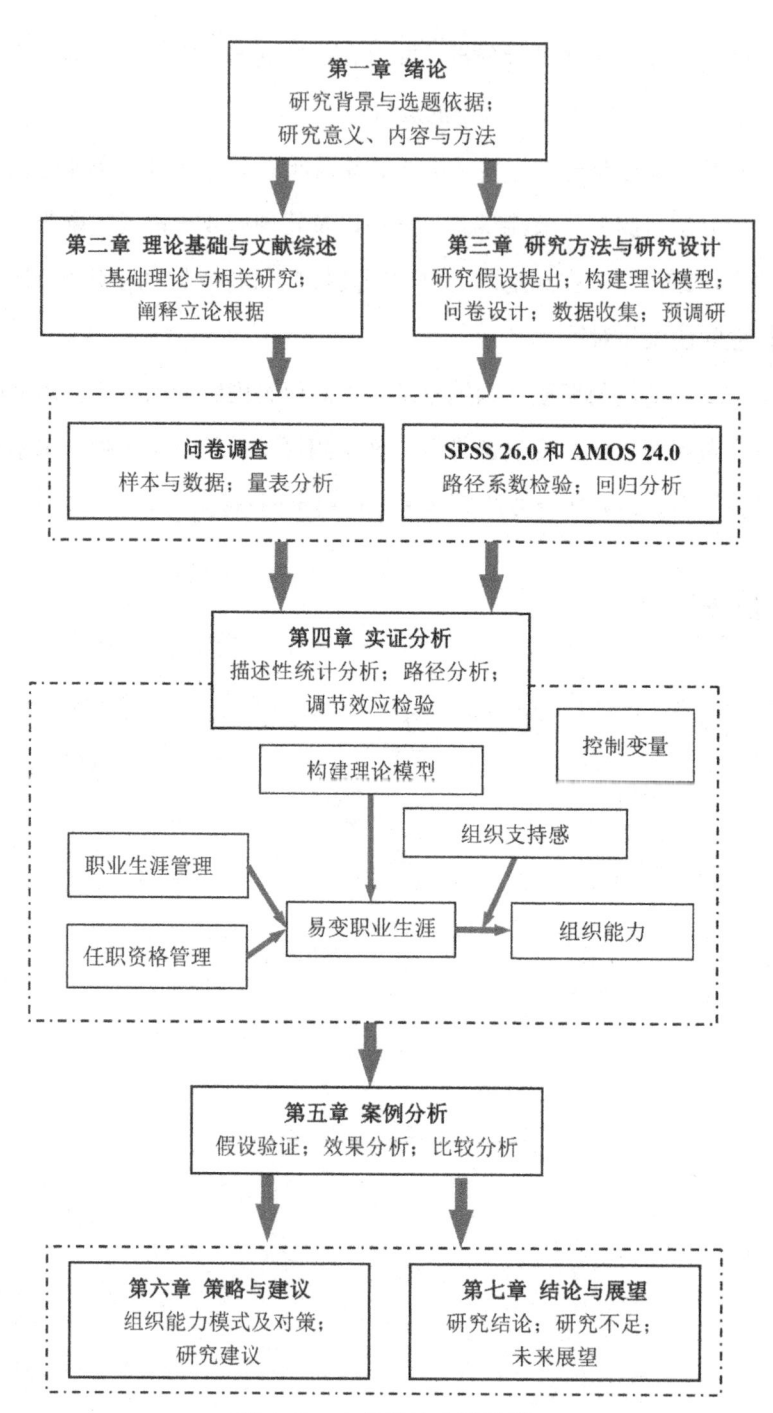

图 1-5　本书的技术路线图

第六节

创新点

本书以"员工职业生涯管理和任职资格管理—易变职业生涯—组织能力"影响关系为逻辑思路,对员工职业生涯管理、任职资格管理作用于易变职业生涯进而发挥中介作用于组织能力的具体作用机理关系和作用边界条件,以及组织支持感的调节作用进行深入的探析与探讨。相比以前的研究,本书具有以下几点创新。

第一,视角创新——为企业组织能力的提升及管理提供新的视角。构建员工职业生涯管理、任职资格管理作用于易变职业生涯,并对组织能力起中介作用影响关系的研究模型。将企业内部微观员工能力管理所起到的效果应用于宏观组织能力的影响关系中,是对组织能力这一因变量的关联因素的拓展,实证分析论证的结论为企业后续的组织能力提升和员工能力管理提供了一个新的视角。

第二,研究思路创新——引入易变职业生涯作为中介变量,是对组织能力提高要素分析的一种全新尝试。以易变生涯管理作为中介变量,勾稽员工职业生涯管理和任职资格管理与组织能力间的关系,分析员工职业生涯管理和任职资格管理对易变职业生涯的直接影响,进而影响企业最终的组织能力的关系。引入易变职业生涯这一中介变量后,可以将企业员工能力管理领域的努力与企业最初呈现的组织能力关联起来研究，分析员工职业生涯管理和任职资格管理作用效能对中介变量易变职业生涯的影响，为后续深入探析组织能力提供新的研究思路和管理思路。

第三，模型构建创新——引入全新变量对中国高科技制造企业的组织能力构成深度解构。中介变量易变职业生涯构建起的企业内部员工能力管理与组织能力管理间的勾稽关系，将针对个体的管理行为与企业最终呈现的管理效果进行充分关联。易变生涯管理不仅会最终影响企业的组织能力，还会对员工留任管理、员工能力发展提供裨益，为更大限度地开发人员潜力提供了全新的思路与尝试。本书重点关注企业组织能力受到易变生涯管理的影响程度，以及员工职业生涯管理和任职资格管理对易变职业生涯的影响力度，从而为中国高科技制造企业的组织能力构成进行深度解构与分析，这在研究领域应该属于首创。

本章小结

本章以中国高科技制造企业的组织能力、职业生涯管理、任职资格管理、易变职业生涯、组织支持感为主线，从理论与实践两个方面对本书研究的问题进行解析。职业生涯管理分为环境、自身和职业3个维度进行解析，任职资格管理分为任职资格标准、任职资格认证和任职资格体系运作3个维度进行解析，易变职业生涯分为职业认同度、职业社会地位和职业平衡性3个维度进行解析，组织能力通过企业的行业地位、企业氛围两个维度，以及组织支持感单一维度来具象化。

组织能力是影响企业最终经营成果的核心因素。本书以中国高科技制造企业研发体系员工为切入点，讨论和剖析研发体系员工职业生涯管理和任职资格管理对组织能力的影响关系，并引入易变职业生涯作为中介变量。本章同样对研究目的、研究范围、研究意义逐一进行阐述，界定相关术语的操作定义，在此基础上大胆地提出了本书的研究假设与研究结构框架。本研究将为中国高科技制造企业组织能力的提高提供有益的指导。

首先，中国高科技制造企业研发体系员工的职业生涯管理有利于明确研发员工的职业方向，增强员工的职业认同度，为研发体系员工的易变职业生涯带来影响。

其次，中国高科技制造企业研发体系员工的任职资格管理能为研发员工提供任职的要求和标准，以及完备的职业发展路径，可以明确研发体系员工的职业发展方向，以及个人能力提升的方向，从而稳定易变职业生涯。

再次，中国高科技制造企业研发体系员工的职业生涯管理和任职资格管理的双向作用，能够对易变职业生涯带来稳固或动摇的影响，而易变职业生涯会影响中国高科技制造企业研发体系员工是否愿意留任企业。

最后，研发体系这一知识型员工群体的稳定程度，能在较大程度上影响中国高科技制造企业的组织能力，而组织能力将会影响中国高科技制造企业的最终经营绩效。

第二章
理论基础与文献综述

　　本书是在前人的研究成果与理论基础上进行进一步的研究和提升，全面清晰地梳理相关研究主题的研究现状，对相关文献进行综述是研究的前提条件，通过对相关文献的综述，可以整理出恰当的研究切入点并找到可行的研究思路。本章主要收集整理了涉及职业生涯管理、任职资格管理、易变职业生涯、组织能力和组织支持感5个关键变量的文献资料，对其进行讨论与综述。在具体操作方面，主要是从变量的定义、研究以及测度方式入手对本书涉及的核心概念进行研究，从而总结归纳出变量间的作用机理，设计研究模型。

第二章 理论基础与文献综述

/ 第一节 /

理论基础

一、组织能力"杨三角"理论

著名学者杨国安在多年的教学科研以及企业管理经验中总结出了组织能力"杨三角"理论模型。在该理论模型中,组织能力提升的关键在于员工的能力、员工的思维模式以及员工的治理模式,这3个方面被称为组织能力的3个支柱,具有各自不同的意义。

第一大支柱是员工的能力,也就是人员应具有的相应的素质、经历、工作技巧,其中素质是该模式的核心要素。不同企业对员工能力的需求是不同的,例如在一个企业里,创新被视为其组织能力,那么,该公司员工的创新性思维,创新性想法等,就是公司所急需的员工能力。有的企业更重视成本控制,因此就要求公司里的员工具备良好的成本观念,在工作方式上要有很好的吃苦耐劳的态度,可以从各个方面考虑如何节省费用等,节约成本、吃苦就成为这个公司需要的员工能力。要让第二种公司的员工来实现第一种公司所提出的工作目的和工作任务,那是绝对不可行的,由于公司所要具备的是完全不同的组织能力,所以,能够支撑组织能力提升的员工能力需要根据公司的具体情况来分析。

第二大支柱是员工的思维模式，强调员工的工作动机，要主动地去完成自己的工作，所以，在挑选出有才能的员工之后，还要充分地利用员工的主观能动性来提高公司的业绩，而要让员工主动地去做有利于组织发展的事情，就必须要有一种思想上的指引，例如在企业中大力宣传一种企业文化，对公司的核心价值进行梳理和定位，用一种让员工容易接受的方法来指导和管理自己的员工，并在公司内建立一个有代表性的榜样，从而使员工的思想与公司的核心目标保持一致，保证员工主动地把自己的工作做好。

第三大支柱就是员工的治理模式。有了前面两大支柱，员工就有了自己的想法以及做好工作的客观条件，在此基础上还要有足够的空间，才能让自己的想法得到最大限度的体现。在员工治理上，公司要重点改进组织架构、权责关系、流程设计等，从而设计和规划好各类组织运营的流程，使公司的员工可以顺利地进行工作，还可以有效地获得相应的资源，同时，公司也可以快速地对各种可能发生的问题做出反应，并进行理性的处理。

要想增强组织能力，"杨三角"组织能力理论所涉及的三大支柱都至关重要，三者相得益彰、互为补充。该模型对三大支柱的构建有很高的要求，需要三大支柱共同构建，不能只关注其中一个而忽视另一个，要符合公司实际的组织能力要求，不能照搬其他公司的做法。

组织能力"杨三角"理论模型与本书的因变量组织能力高度相关，能够对组织能力的前因机制进行有效的解释。首先，具有易变职业生涯意识的员工往往具有更强的工作能力，包括适应新环境的能力、高效完成工作的能力、应对处理困难的能力，具有易变职业生涯意识的员工倾向于"自发"地完成工作，在工作中充分发挥自身的主观能动性，该理论能够解释易变职业生涯对组织能力的促进作用；其次，职业生涯管理是员工自行设定职业发展目标并对自身行为进行约束控制，其本质上属于员工的思维模式，具有职业生涯管理能力的员工工作动机是自发的、积极的，以职业发展目标为导向主动将工作做好，因此该理论能够解释职业生涯管理对组织能力的促进作用；最后，任职资格管理是一种有效的员工治理模式，任职资格管理对员工的职位流动、薪酬绩效以及工作规范进行了规定，于是企业便拥有了组织运营流程，在规则下员工顺利地开展工作，因而该理论可以解释任职资格管理对组织能力的促进作用。

二、人与环境匹配理论

人与环境匹配理论认为人与环境匹配主要有两种形式：第一种类型是供给与价值匹配，主要是指环境要素与个体期望的内容匹配，体现为个体需求和偏好与环境具有相似的特征；第二种类型是需求与能力匹配，是指个体可满足环境对其技能、知识或其他能力的需求。

1. 人与环境匹配理论的5个维度

人与环境匹配理论经过多年的发展，目前一般被分为5个维度。

第一，个人与职业匹配，指人与符合他们兴趣的职业相匹配。个体与兴趣的匹配度高，就会极大地激发个体的积极性与个人能力的发挥。但是，从一般意义上来说，个体在企业内是很难实现其兴趣与职业或岗位匹配的，这就需要企业营造氛围较好的大环境，从某些方面来让个体满意。

第二，个人与群体匹配，指在需要团队合作的工作环境中，个体同团队成员的相容性。在这个维度，企业是最好的推动者与促进者。一个良好的工作环境、氛围和较好的沟通互动平台是企业努力的方向。在良好的氛围与环境下，员工更容易融入企业团队内，更好地互动、融合，实现个体隐性知识的发挥。公平公正的交互与知识共享，也容易让企业获得更好的创新知识，同时，从知识的耦合效应来说，良好的环境促进了员工的组织学习，在交互与知识共享中容易再次发现新的知识，不但实现了个人知识的增量，也让企业获得了更好的知识存量，给企业技术创新打下坚实的基础。

第三，个人与工作匹配，指个人对实际所做工作的胜任程度。企业在招聘与引进人才时，多是以学历与过往的经历等作为参考，是从胜任力的角度来招聘人才。胜任力固然能让个体与工作匹配度更高，但是实际中往往会出现另外一种情况，即招聘进来的人随着时间的推移会产生工作负作用，因为这类胜任力较高的人，工作的知识、经验、能力等存在过剩的情况，是企业内资质过度的员工，如果他们潜在的能量不能得以发挥，就会工作消极、懈怠，甚至产生离职的意愿。而他们是企业内有潜在价值的人，是可能给企业带来价值的个体，需要企业在工作环境上营造适合其跨边界行为的平台与机会，实现个体潜在的知识共享和价值的再发挥。

第四，个人与组织匹配，指个人与组织的一致性，包括价值观、目标上的一致。个人与组织的匹配，也是提高个人对企业各项创新活动参与度的关键因素之一。从组织学习的角度来看，企业的愿景分享是促进个体价值观与团队价值观一致的主要措施。当企业的价值观深入企业内各个角落，个人就会为此而努力，参与度高、创新意识强、集体荣誉意识高。

第五，个人与个人匹配，指在工作情境中，特殊的两个个体之间的相容性。在一个平等、公开的互动平台中，是容易增加个人与个人之间的情感与融合性的。个人与个人匹配也是最容易实现个人潜能发挥的因素，相互沟通融洽，工作合作性高，创新思维就容易碰撞出结果。个人与个人之间合作得更好，企业的各项活动也就更容易开展。

2. 个人与组织匹配的研究

在人与环境匹配理论的 5 个研究维度中，个人与组织的匹配是广为学者关注的维度，对个人与组织匹配问题的研究也与本书的内容密切相关。Kelly 和 Chapman（2006）对 1985—2006 年间的关于个人与组织匹配的研究调查中，发现主观的个人与组织匹配测量主要有 3 个重要的变量来源，分别是理论概念（一致性和互补性匹配、需求—能力和需要—供给观点）、组织特征（组织性质、组织变革）、匹配内容（价值观、个性、目标、KSAs）。个人与组织匹配理论是在个人与环境匹配理论的基础上衍生出来的，众多学者也基于此展开了更加广泛的研究，具体如表 2-1 所示。

表 2-1　人与组织匹配理论角度研究内容与观点

学者	年份	研究变量	主要观点
Kristof 和 Brown	2005	组织承诺、离职倾向	个人—组织匹配与工作满意度和组织承诺强正相关，与离职倾向有较强的负相关
Hoffman 和 Woehr	2006	离职倾向	个人与组织价值观匹配程度越高，员工越愿意留在组织中
陈卫旗、王重明	2007	工作满意度、组织承诺	个人与岗位、组织的匹配对员工工作满意感和组织承诺有显著的积极效应
FN Iplik 等	2011	组织承诺	个人与组织匹配的一致性程度越高，员工的工作承诺也就越高
Nehlika 等	2014	员工创造力	个人的价值观和感到的组织价值观一致与员工自评的创造力有一定的积极影响
Bilal Afsar 和 Yuosre F.Badir	2016	组织公民行为、工作嵌入度	工作嵌入度对个人与组织匹配、员工的组织公民行为有正向调节作用。只有更高工作嵌入度的员工才能够更多地感知到组织对其观点、目标的重视，组织支撑促进员工改善其公民行为
詹小慧等	2017	员工建言行为	个人与组织价值观匹配能够正向预测员工建言行为

3. 人与环境匹配理论在本书中的应用

在本书中，易变职业生涯和任职资格管理有助于完成个人与职业、个人与组织、个人与工作的匹配，根据人与环境匹配理论的相关研究，个人与组织的匹配程度越高，越有助于工作满意度的提升、创新行为的产生、离职倾向的减弱、组织承诺的促进，这些发生在组织中的变化都是积极的变化，有助于组织能力的提升。因此，人与环境匹配理论可以解释易变职业生涯、任职资格管理对组织能力的影响。

三、职业生涯管理理论

职业生涯管理理论亦称职业发展管理理论，来源于人力资源管理与组织行为学领域（童举希等，2021）。在现代人力资源管理中，职业生涯管理是一项非常重要的工作，个体的职业生涯规划是对个人事业进行发展、实现和监控的一项工作，贯穿于个人的整个生命周期，通过这一工作，个体可以认识自己、认识工作，确定自己的事业目标，制定策略来达成目的，并根据自己的工作与人生经历来调整自己的目的。

1. 对职业生涯的认识

职业生涯管理理论对什么是职业生涯展开了详细的论述，是涉及社会学、经济学等多个学科的理论。许多社会学家认为，在社会发展过程中，人们往往通过不同的方式来认识不同的人，不同的人在不同的领域中具有不同的地位和作用。经济学家注重从不同行业的工人数量和素质对经济产生的作用，将经济发展与就业联系起来进行了分析，主要集中在"就业"与"失业"两个方面。教育学家则是将人怎样才能更好地发展，与社会所能提供的工作岗位相联系，从而选择一个适合自己的工作岗位，然后再进行职业教育，为顺利地就业做好充分的准备。职业生涯代表的就是这样一个动态的过程，是一个人的生命中，在专业的工作岗位上所度过的、与工作活动有关的持续的经历，其中并没有包括在专业上的成功与失败，或者职业发展的速度。换言之，不管工作的职位如何以及是否成功，每一个工作着的人都有自己的事业。职业生涯不仅仅指的是职业工作的长度，它还包含职业发展、变更的经历和过程，比如从事何种职业工作、职业发展的阶段、由一种职业到另一种职业的转变等详细的内容。

2. 个人与组织角度的职业生涯管理

尽管职业生涯是一个人的工作行为经历，但是对职业生涯管理的理解可以从个人和组织两个不同的角度来进行。

从个体的角度来说，职业生涯管理指的是一个人对自己所要从事的职业、进入的组织、要在某一职位上达到的高度等进行了计划和设计，并以职业规划为导向积累知识、学习技能。通常情况下，职业生涯管理的方式有：对职业进行选择，对工作组织进行选择，对工作岗位进行选择，在工作中提高技能、提升职位、发挥才能等。

从组织的角度来说，组织层面的职业生涯管理主要体现在协助员工制定职业生涯规划，建立各种与员工发展相适应的职业通道，针对员工职业发展的需要及时开展培训，给予员工必要的职业指导，促进员工职业生涯的顺利发展。

职业生涯管理理论强调个体与企业是相互促进的。组织是个体职业生涯生存和发展的载体，尽管职业生涯是以个体的行为为基础的，但它与组织之间也有一定的关系。无论个体的事业规划多么美好，如果个体没有加入某个组织，那么个体的事业就没有立足之地和发展空间。一个企业的生存与发展，自然也离不开个体的专业工作，离不开个体的职业发展。在当今社会，随着社会对人才的日益重视，高素质、能力强的专业人员的引进与保留成为企业管理中亟待解决的问题。假如一个员工的职业发展计划无法在公司中得到实施，他很有可能会辞职另谋发展。因此，个体的职业生涯管理并不只是一个人的事情，而是一个企业的责任。

3. 职业生涯管理理论在本书中的应用

一方面，职业生涯管理理论能够解释职业生涯管理对组织能力的影响，个体层面的职业生涯管理能够提升个人工作能力，使自己更好地在工作岗位中发挥个人才能，组织层面的职业生涯管理能够适应员工职业发展的需要，为员工职业发展保驾护航，有助于组织能力的提升。

另一方面，职业生涯管理理论强调个人职业生涯发展与企业职业生涯发展的相互促进，如果二者相辅相成、协同发展，那么便有助于组织能力的提升，但如果二者匹配程度不佳，个体的职业发展规划不能在现有的环境中实现，那么不完善的职业生涯管理体系就会成为产生易变职业生涯的原因，因此职业生涯理论也能够解释职业生涯管理与易变职业生涯之间的关系。

四、调节焦点理论

调节焦点理论是由 Higgins（1997）提出的，该理论描述了个体在实现目标的自我调节过程中所表现出的"趋利避害"的差异，即个体在追求目标和选择行动策略的过程中存在两种不同的调节焦点：促进型和防御型。前者是指对奖励的获取行为进行正向调节，使个体关注积极目标，关心愿望与成绩，其行动策略是通过自我调节缩小现实状态与理想状态间的差距；后者则是对惩罚规避行为进行正向调节，使个体关注消极目标，关心职责与义务，其行动策略是通过自我调节缩小现实状态与应有状态间的差距（Park 等，2007）。调节焦点既可以表现为较为稳定的个体特质，也可通过即时的情境进行引导（李磊等，2012）。Kark 和 Van Dik（2007）将前者称为特质调节焦点，指个体在生长过程中逐渐形成的调节焦点模式；将后者称为情境调节焦点，指由即时情境变化而激发的个体调节焦点，表现为一种短暂、变动的个体状态。李磊等（2013）进一步指出，当领导给下属以肯定，为员工勾勒理想蓝图时，员工会看到希望，对组织和自我表现出积极态度，会激活下属的促进焦点。领导反馈会对下属的创造力产生影响，这一作用是通过下属的情境调节焦点发生的。

在本书中，调节焦点理论能够解释组织支持感、易变职业生涯以及组织能力的作用机理。当组织提供支持，使员工感受到积极的职业发展机会和奖励时，员工的促进型调节焦点被激活，驱使员工关注积极目标，如愿望和成绩，并通过自我调节来缩小现实状态与理想状态之间的差距。在这种情境下，组织支持感增强了员工对组织的信任和归属感，从而激发了他们的创造力和组织能力。如果员工感受到的组织支持不足，则可能会激活他们的防御型调节焦点，使得员工更关注消极目标，如职责和义务，并通过自我调节来避免惩罚或失败。组织支持感的不足可能导致员工对组织的信任下降，进而影响他们的组织能力和工作表现。

五、相关理论的作用分析

根据上文，本书对相关理论的作用机制进行分析，并基于理论基础做出理论机制传导图。如图 2-1 所示。

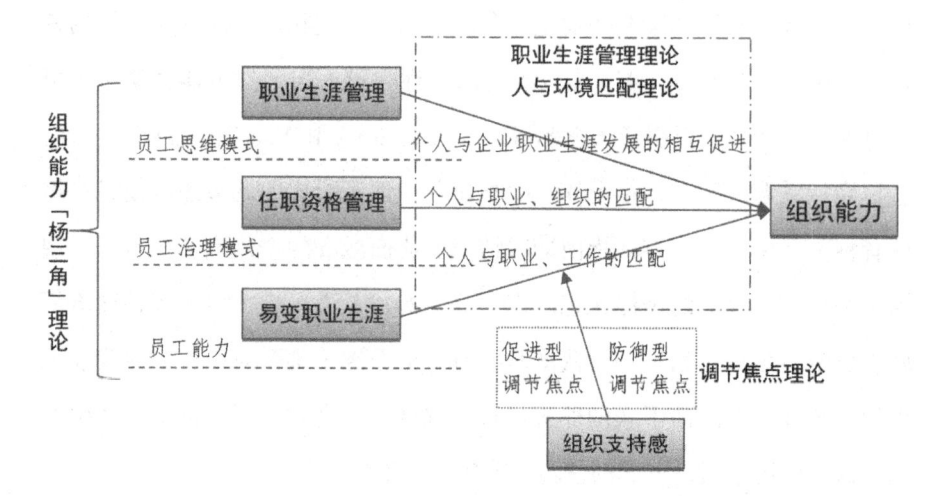

图 2-1　理论机制传导图

第二节

组织能力相关研究

一、变量及其维度

组织能力是指开展、组织工作的能力，是公司在与竞争对手投入相同的情况下，具有以更高的生产效率或更高的质量将其各种要素转化为产品或服务的能力。组织能力包括企业所拥有的一组反应效率和效果的能力，这些能力可以体现在公司从产品开发到营销再到生产的任何活动中。本书所提及的组织能力，主要强调精心培养的组织能力，可以成为竞争优势的一个重要来源。国内外对于组织能力的测量及维度划分，根据其不同的研究主题与侧重点而各有不同。

其他学者关于组织能力的测量和维度划分，如表 2-2 所示。

表 2-2 组织能力测量及维度划分

学者	年份	变量描述	维度
温瑶	2024	组织能力维度题项反映的核心内容是"清晰"，包括产权清晰、商业模式清晰、盈利预期清晰、激励机制清晰等。对于创业企业而言，向投资者展现企业清晰的规划是必要的	企业内部组织特征、企业盈利预期与激励特征

续表

学者	年份	变量描述	维度
奚雷等	2024	适应能力是指组织通过持续变革过程中的各项活动,能够顺利完成任务并表现出来的环境适应能力;协调能力是指组织内部实施的各种活动能够实现共同目标而相互协作和保持有序统一的能力	适应能力、协调能力
武立东等	2024	吸收能力是识别、获取与应用外部衍生知识的能力,以帮助企业形成竞争优势;风险承担能力反映的是企业将资源投入不确定收益活动的意愿与程度;双元平衡能力可以通过平衡"探索与利用"来缓解新旧要素间因注意力与创新路径争夺导致的紧张关系	吸收能力、风险承担能力和双元平衡能力
刘美玲、朱发仓	2023	常规能力包括组织团队认知、组织运营管理、组织文化建设的能力,动态能力包括动态机会识别、核心资源整合、组织价值重构的能力	常规能力、适应能力
王进富等	2021	采用基于扎根理论的单案例研究方法,通过对原始资料依次进行开放性编码、主轴编码和选择性编码,逐次提炼概念和范畴	组织文化塑造能力、组织资源整合能力、组织制度构建能力
李树文、罗瑾琏	2020	综合考虑了常规与非常规层面、主动能力与被动能力、长期能力与短期能力,从组织能力类型中选取了情绪能力、学习能力与战略能力3种能力类型,并基于资源依赖理论构建了3种组织能力与环境动态性、环境竞争性的整合框架	学习能力、情绪能力、战略能力
易加斌、王宇婷	2017	企业—顾客导向的价值共创会受到诸多因素的影响,尤其是企业的组织能力,不但会影响到顾客对价值共创的价值认知,也会影响到企业价值共创的意愿,并由此影响到对价值共创模式的选择和价值共创绩效	组织核心能力、信息技术能力和价值链整合能力

续表

学者	年份	变量描述	维度
吴俊杰、戴勇	2013	包括"企业建立了发挥员工创新精神的企业文化、建立有效的流程与方法以促进并考核员工革新的思想"等8个题项	单维度
陈建勋等	2012	组织能力是企业成功地开展各种经营和创新活动的前提。作为企业核心竞争力主要组成部分的资源或能力基础观的提出，更是凸显了组织能力及其形成路径研究的重要性	适应能力和协调能力
Glickman和Servon	2003	将组织能力划分为资源能力、治理能力、网络能力、协调能力和方案项目能力	资源能力、治理能力、网络能力、协调能力和方案项目能力

在对组织能力这一变量的概念及维度的文献梳理中，可以发现，学者们对于组织能力的划分维度，根据其不同的研究主题与侧重点而各有不同。本书则是参考 Gold 等（2001）、Teece 等（1997）的量表，设置了行业地位和企业氛围两个维度共 8 个题项用于测量组织能力。

二、影响因素分析

组织能力是高科技制造企业成功的关键因素，关系到企业能否在激烈的市场竞争中保持竞争力，实现可持续发展，并在不断变化的环境中保持领先地位。本节梳理了组织能力影响因素的相关文献，如表 2-3 所示。

表 2-3　组织能力的影响因素

学者	年份	观点
奚雷	2024	高管团队行为整合有助于组织知识、资源与能力的优化配置，企业核心竞争力的培育，从而能够更加有效地应对外部环境变化，同时有利于组织内部分享资源及知识，降低团队成员观点分歧所面临的决策阻力，促进组织协调能力提升
荣幸、李健	2023	组织嵌入对组织能力有显著的促进作用，当组织规模较小时，组织嵌入对组织能力的促进作用更加明显，具体体现为提升了组织的资源扩展能力、内部管理能力以及产品项目的运营能力
张建宇等	2023	组织意义建构是个体间共同形成对于组织内外部环境统一认识的过程，是组织形成理性认知的基础，也是组织能力形成的关键因素
罗亮梅	2019	基于双元能力理论视角，有重点地先解决业务模式、团队协同以及管理者反思问题，使组织在短期内提升绩效，进而逐步加强领导力培养，促进组织长期发展
廖英、刘存	2017	一方面组织转型推动着公司在各个方面进行组织能力的建设，如组织结构的优化推动了员工治理的改善、企业文化的梳理推动了员工思维方式的转变、培训与员工成长则推动了员工能力的提升；另一方面组织能力建设为组织转型提供了源源不断的动力，员工治理、员工能力与员工思维模式的水平提升也进一步促进了组织转型的效率提升
刘丝雨等	2016	管理者可以通过后顾式问题导向的绩效反馈机制实现组织能力的重构
徐万里等	2009	关注高层管理者这一微观能动主体对动态的组织能力的影响，指出根据外部环境变化做出正确的战略规划是高层管理者的一项核心职责，因为高层管理者（团队）是负责企业最高战略制定与执行并对企业经营管理拥有决策权和控制权的群体，他（她）们的战略规划能力是解释组织能力的重要因素

续表

学者	年份	观点
Dong	1995	在对企业结构与公司组织能力评估的基础上，公司应更多地关注公司的总体架构，要想最大限度地降低公司的资源流通成本，就必须构建并优化企业的组织架构，而这也有利于公司中个人的利益与公司的利益相协调。组织能力的提高一方面着重于对内部整合、运用及发展各类资源的能力，在另一方面着重于对外部环境变化的适应能力

目前，学界对组织能力的研究较为丰富，现有文献主要从组织能力的概念与内涵、特征、测量、评价等视角对组织能力进行研究解析，寻找组织能力的影响因素，但鲜有研究者深入探讨组织能力的具体表现指标以及通过人力资源手段影响组织能力的方式。

根据以往对组织能力影响因素的相关研究，本书选定学历、性别、年龄、工作岗位与大学专业的关系、婚姻状况、收入水平、公司职位以及在目前公司服务的年限 8 项内容作为控制变量。

/ 第三节 /

职业生涯管理相关研究

本节从职业生涯管理的概念及其维度、职业生涯管理对易变职业生涯的影响、职业生涯管理对组织能力的影响等相关文献出发，做进一步梳理。

一、变量及其维度

职业生涯管理是现代企业人力资源管理的重要内容之一，是企业帮助员工制定职业生涯规划和帮助其职业生涯发展的一系列活动，以竭力满足管理者、员工、企业三者间的动态平衡。本书着重强调必须把个人的发展目标与组织发展的目标有机结合起来，这样才能实现职业生涯管理的根本意义。对于职业生涯管理，不同学者有着不同的测度方式和维度划分方法，如表 2-4 所示。

表 2-4 职业生涯管理测量及维度划分

学者	年份	变量描述	维度
童举希等	2021	职业生涯管理由组织职业生涯管理和个体职业生涯管理两个部分构成。前者又可分为职业指导活动与组织支持活动。职业指导活动包括组织提供的职业测试、反馈、职业导师制、生涯规划等；组织支持活动包括职业培训、职业保障、支持政策、职业发展通道等。个体职业生涯管理则一般由个人职业发展目标管理、主动职业反馈和职业边界管理等内容构成	组织职业生涯管理、个体职业生涯管理
叶晓倩等	2020	根据龙立荣等（2002b）的研究，将组织职业生涯管理划分为4个方面的主题内容，具体条目包括"公司会按我的绩效考核成绩进行提拔"等	公平晋升、发展性培训、职业自我认知、职业发展信息沟通
张建卫等	2019b	组织职业生涯管理作为员工职业发展的重要外部动力，是指通过组织实施一系列开发员工职业潜能、促进员工职业发展等活动来实现组织目标的管理行为，对促进员工创新行为具有重要作用	公平晋升、注重培训、职业自我认知和职业信息沟通
韩雪、厉杰	2018	采用 Noe（1996）编制的量表测量职业生涯自我管理，即员工在组织内部管理职业的行为，共计14个题项	创造机会、自我推荐、建立关系网络、寻求职业指导
王华、缴润凯	2017	将大学生职业生涯规划能力划分为两个一级维度，其中自我管理能力包括自我认知、自控能力、生涯人际能力、时间管理能力、关注发展5个维度，职业生涯建构能力包括职业知识探索能力、职业生涯决策能力、职业生涯规划能力	自我管理能力、职业生涯建构能力

续表

学者	年份	变量描述	维度
周文霞、辛迅	2017	使用 Sturges 等（2022）开发的组织职业生涯管理问卷，其中 4 个条目测量了正式的组织干预，5 个条目测量了非正式的组织干预；使用 Sturges 等（2002）开发的量表测量个人职业生涯管理行为，包括内部 ICM 和外部 ICM	正式的组织干预、非正式的组织干预；内部 ICM 和外部 ICM
翁清雄	2010	职业探索通过 3 个题项来测量，职业目标设置通过 4 个题项来测量，职业策略通过 4 个题项来测量	职业探索、职业目标设置、职业策略

国内多数学者采用龙立荣等（2002b）开发的量表对职业生涯管理进行测度（张建卫等，2019；李云、李锡元，2017；梁青青，2017；郝冬梅等，2016）。本书参考 NEO（1996）、龙立荣（2002b）和翁清雄（2010）开发的量表，设置了环境因素、自身因素和职业因素 3 个维度共 8 个题项的量表对职业生涯管理进行测量。

二、职业生涯管理对易变职业生涯的影响

职业生涯管理的自身因素能够影响员工的易变职业生涯。Segers 等（2008）认为，在年龄与易变职业生涯的关系上，年长者更容易拥有易变职业生涯，尤其是价值观驱动易变职业生涯。对于年长者，长时间的工作经验和自我提升意愿使他们对自己的价值观有更加明确的认识，据此他们会倾向于选择与自己价值观相对一致的组织。但是在自我导向易变职业生涯上，年长者要显著低于年轻者，这是因为年轻者更加倾向于通过自我学习来提高自身的适应性，通常他们具有更高水平的自我导向易变职业生

涯。Cakmak-Otluoglu（2012）认为，在受教育程度方面，由于教育水平高的个体更有可能具有较高的自我管理能力，因此更容易拥有较高的自我导向易变职业生涯；而教育水平低的个体更加希望依照自己的价值观来管理职业生涯，往往具有更高水平的价值观驱动易变职业生涯。从已有研究来看，学者们倾向于从单一的视角揭示每种人口统计学变量对易变职业生涯所产生的作用，缺乏以整合的视角来分析不同的人口统计学变量对易变职业生涯的交互影响。Creed 等（2011）研究认为，具有较高主动性人格的个体倾向于在工作中采取自我管理的策略，他们会细心留意任何职业选择的可能性，会主动提高自身可转移的职业技能，这些机会和技能不仅能够提高他们的职业适应性，而且还能进一步帮助他们明确自己的职业方向，并且提升他们进行自主职业选择的信心。

职业生涯管理的环境因素能够影响员工的易变职业生涯。Park 和 Rothwell（2009）探讨了学习型组织中的学习氛围对易变职业生涯产生的影响。研究表明，虽然学习氛围对易变职业生涯没有直接效应，但是会通过职业优化策略对易变职业生涯产生显著的间接效应，这是因为持续学习会增加个体获取职业成功的机会和经验，在此基础上个体才能追逐易变的职业生涯，个体和组织层面的学习氛围与自我导向易变职业生涯显著正相关。Okurame 和 Fabunmi（2014）发现，组织的培训、领导的鼓励、同事间的赞赏等社会支持对自我导向和价值观驱动的易变职业生涯均具有正向影响，因为这些支持有可能会扩大个体职业经历的视野，使他们更加清楚自己的价值观，从而帮助他们形成价值观驱动易变职业生涯。同时，这些支持也是社会资本的丰富来源，能为个体拓展更多的就业机会，促使他们找到自己的职业定位，进而提升自我导向易变职业生涯。

职业生涯管理的职业因素能够影响员工的易变职业生涯。Park 和 Rothwell（2009）探究了 3 种工作取向对易变职业生涯的影响，发现只有使命取向对个体的易变职业生涯有显著的影响，即当个体认为自己的工作是为了服务大众、或是为了共同的利益，抑或是一种召唤时，他们通常会认为这个工作是具有使命的，自己应该努力追逐这份工作。

根据职业生涯管理理论，个体层面的职业生涯管理能够提升个人工作能力，是自己更好地在工作岗位上发挥个人才能，不断优化其职业生涯的发展历程。基于以上分析，本书提出如下假设。

H1：职业生涯管理对易变职业生涯有显著正向影响。

H1a：环境因素对易变职业生涯有显著正向影响。

H1b：自身因素对易变职业生涯有显著正向影响。

H1c：职业因素对易变职业生涯有显著正向影响。

三、职业生涯管理对组织能力的影响

个体在社会活动中不仅塑造着社会环境，同时也是社会环境作用的产物。在无边界职业生涯时代，不确定性是当代职业生涯管理面临的重要问题，这一问题导致员工的职业目标从升职加薪向雇佣能力的提升发生转变，同时，员工对职业成功的判断标准也从薪酬、职位等向心理意义的满足感发生转变。

自我职业生涯管理由职业探索、职业目标、职业策略3个维度构成，职业探索通常被认为是员工自我职业生涯管理环节的第一步，其大致可以分为内部探索和外部探索两种行为，内部探索行为能够帮助员工了解自身的相关信息，诸如价值观、兴趣、技能等，外部探索行为能够帮助员工获取有关工作岗位以及组织外部环境变化的相关信息。这种探索性行为是员工认知结构的调整基础，员工能够利用职业探索行为获得的信息对自身的认知结构进行调整，明晰职业自我认知，进而通过设定职业生涯发展目标

第二章 理论基础与文献综述

来弥补预期的不足。

Pazy（1988）认为职业生涯管理对绩效没有显著影响，而对职业态度、职业认同影响显著。Aryee 和 Chay（1994）认为职业生涯管理对组织承诺及工作满意度、工作卷入有显著正向影响。Herriot（1994）研究发现，职业生涯管理中公平对待、发展取向两个维度对职业管理满意度有显著正向影响。龙立荣等（2002a）研究发现，职业生涯管理对组织承诺、工作卷入、工作满意度、工作绩效均产生积极影响。郝冬梅等（2016）通过研究发现，职业生涯管理各维度对离职倾向有负向影响。梁青青（2017）通过对北京、上海高新技术企业的知识型员工进行调查，发现职业生涯管理对组织承诺、员工敬业度有显著正向影响。朱飞等（2021）在社会信息加工理论的基础上，发现职业生涯管理与人力资源管理强度一致性对员工职业满意度有显著正向影响，对离职倾向有负向影响。

组织能力"杨三角"理论的一大支柱是员工的思维模式。员工的思维模式强调员工的工作动机，要主动地去完成自己的工作，充分地利用员工的主观能动性来提高公司的业绩。在本书中，员工的思维模式则体现为职业生涯管理。吕霄等（2020）指出职业目标的设定既是员工内部化交易的过程，同时也为员工采取职业策略做出了铺垫。从职业策略角度来看，职业策略为员工弥补职业现状与职业预期之间的差距提供了实践基础，是实现职业发展目标的一类活动或行为，包括内部职业策略和外部职业策略两种，内部职业策略一般是员工对自我积极情感的培养（例如，通过与公司内部人员进行沟通进而实现自我责任感的提升或者职责的自我认定）以及加强内部交流（例如，通过与上级领导交换信息来实现关系网络化分布），外部职业策略一般是指发展与职业成功相关的工作单元必备技能和竞争优势（一般指专业化技能的提升），通过职业策略积极地参与职业发展或网络化构建的员工会更倾向于阅读专业化报告、参与相关课程来帮助提升他们的知识与技能，同时员工也会加强与组织内部成员的沟通，进而帮助组织能力的提升。

根据职业生涯管理理论和组织能力"杨三角"理论，并基于以上分析，本书提出如下假设。

H2：职业生涯管理对组织能力有显著正向影响。

H2a：环境因素对组织能力有显著正向影响。

H2b：自身因素对组织能力有显著正向影响。

H2c：职业因素对组织能力有显著正向影响。

第二章 理论基础与文献综述

/ 第四节 /

任职资格管理相关研究

为了进一步了解任职资格管理并精准化本书的研究,本节从任职资格管理的变量及其维度、任职资格管理对易变职业生涯的影响、任职资格管理对组织能力的影响等相关文献出发做进一步梳理。

一、变量及其维度

任职资格管理是从称职胜任的角度出发,对员工能力进行分等分级,以任职资格标准体系规范员工的培养和选拔,建立员工职业发展通道,牵引员工不断学习,同时为晋升、薪酬等人力资源工作提供重要的依据。任职资格管理是根据企业战略方向和经营管理的需要,对企业员工的工作能力和行为进行的系统管理。诸多学者对任职资格管理进行了研究分析,积极探索任职资格管理的具体内涵与维度划分,相关研究如表 2-5 所示。

表 2-5 任职资格管理测量及维度划分

学者	年份	变量描述	维度
郑骥飞等	2016	根据 KSAO(Knowledge,Skill,Ability,Others)模型划分乡村医生的任职资格	教育及专业背景、经验及培训经历、工作技能以及其他特质

续表

学者	年份	变量描述	维度
杨序国	2016	在互联网时代下的新管理模式，企业把员工不同的职业发展通道明晰化，每个通道上的任职资格明晰化，使员工自己掌握未来的发展前景	员工职业发展通道、任职资格标准、任职资格认证体系
钱桂香等	2012	基于胜任力模型，建立二级医院护士长岗位任职资格体系，将任职资格划分为6个一级指标	教育水平、知识、经验、能力、职业素养、其他特质
王磊	2012	要想将基于胜任力的任职资格体系好好地落实，需要从企业的战略开始就做到系统的规划，制定切合企业实际的任职资格等级标准，还要建立相应有效的员工激励体系做支撑，针对不同职位群和不同层次的员工，制定不同的激励模式	专业能力、经验和成果
吴春波	2010	任职资格认证是指为证明申请人是否具有相应任职资格标准而进行的鉴定活动；任职资格标准是基于岗位责任和要求，对承担该岗位的长期综合绩效优秀的员工被证明了的成功行为和能力要素进行归纳而形成的评价指南	任职资格认证、任职资格标准

本书参考杨序国（2016）和吴春波（2010）的相关研究，设置了任职资格标准、任职资格认证和任职资格体系运作3个维度共8个题项来测量任职资格管理。

二、任职资格管理对易变职业生涯的影响

本书强调的任职资格管理主要是中国高科技制造企业研发体系员工职业发展通道与员工职业生涯管理间的耦合与支撑关系。根据人与环境匹配

第二章 理论基础与文献综述

理论的相关研究，个人与组织的匹配程度越高，越有助于工作满意度的提升、创新行为的产生、离职倾向的减弱、组织承诺的促进。王琼（2022）认为组织层面的举措能够对员工个人的易变职业生涯进行干预，如果组织层面能够为员工充分地介绍职业发展规则和任职资格体系，给予员工相应的指导，利用任职资格管理体系对员工进行培训，并采用师徒制对员工加以引导，那么便会增加员工产生易变职业生涯观念的可能性，因为这样会使员工拥有更多的工作重塑资本。

在本书的研究中，将任职资格管理分为任职资格标准、任职资格认证和任职资格体系运作3个维度。任职资格标准指中国高科技制造企业为研发体系员工根据职业发展通道明确的资格标准；任职资格认证指中国高科技制造企业如何将研发体系员工的具体工作行为与任职资格标准进行对应应用；任职资格体系运作指中国高科技制造企业人力资源系统如何在研发体系员工中推介、宣贯任职资格管理以及应用任职资格管理成果。任职资格管理在一定程度上向员工们展示了职业发展的更多可能性，员工进入公司并非只能在一个固定的岗位发展，如果在工作中发现了自己在其他领域的天赋或兴趣，也可以进行职位的转换。任职资格管理提高了员工的职业重塑意愿，这种意愿可能会使员工出现易变职业生涯，但任职资格管理对易变职业生涯的影响并非是确定的，它同时也是企业对员工职业发展行为的一种限制和干预，在这样的限制和干预作用下，员工有可能倾向于在一个固定的范围内规划职业生涯，因此任职资格管理与易变职业生涯之间的关系有待进一步验证。

根据人与环境匹配理论，并基于以上分析，本书提出如下假设。

H3：任职资格管理对易变职业生涯有显著正向影响。

H3a：任职资格标准对易变职业生涯有显著正向影响。

H3b：任职资格认证对易变职业生涯有显著正向影响。

H3c：任职资格体系运作对易变职业生涯有显著正向影响。

三、任职资格管理对组织能力的影响

任职资格管理体系的完善有助于组织能力的提升。根据组织能力"杨三角"理论，员工的治理模式是其中一大支柱。在本书中，员工治理模式体现为任职资格管理。林春雷等（2024）认为任职资格管理对企业保持人才优势至关重要，任职资格管理体系的完善有助于增强企业培训过程的系统性、针对性和培训效果（顾洁等，2023），能够更精确地把握人力资源需求，从而将员工个人发展与组织发展目标结合起来，企业拥有强大的人力资源支撑，有利于组织能力的提升（春潮、高奎亭，2021）。

根据人与环境匹配理论，个体与职业的匹配度越高，越会激发个体的积极性与个人能力的发挥，同时个人与组织的匹配也是提高个人参与到企业各项创新活动中的关键因素之一。组织能力是建立在组织员工个人能力的基础之上的（常玉等，2011），需要通过有效的利益机制使得员工个人能力转化为组织能力（李鑫、孙清华，2010），而员工个人行为是由自身能力和员工所处的人力资源生态系统决定的，任职资格管理活动的目的就是优化人力资源生态系统，使企业的人力资源供求关系达到平衡（李开龙，2016），这可以保证员工有较高的个人工作绩效，从而带动组织能力的提升（陆丹等，2023）。

根据组织能力"杨三角"理论和人与环境匹配理论，并基于以上分析，本书提出如下假设。

H4：任职资格管理对组织能力有显著正向影响。

H4a：任职资格标准对组织能力有显著正向影响。

H4b：任职资格认证对组织能力有显著正向影响。

H4c：任职资格体系运作对组织能力有显著正向影响。

/ 第五节 /

易变职业生涯相关研究

一、变量及其维度

易变职业生涯是指由于个人兴趣、能力、价值观以及工作环境的变化，企业或组织经营环境和内部政策的变化，使员工改变自己的职业生涯规划的行为，从而导致员工的职业生涯并不稳定。在本书的研究中，易变职业生涯更多地强调社会对职业的认同感、职业的发展高度、职业与生活的平衡度等因素导致的职业生涯变化。目前，关于易变职业生涯的相关研究较少，学术界对易变职业生涯的定义尚未有统一的说法，也鲜少有学者对易变职业生涯进行测度和维度划分。本节梳理了易变职业生涯变量及其维度的相关文献，如表2-6所示。

表2-6 易变职业生涯测量及维度划分

学者	年份	变量描述	维度
巩振兴等	2022	易变职业生涯定向是指个人通过自主地管理职业生涯来实现主观职业成功的一种倾向，具有自我导向和价值观驱动双重属性	自我导向职业生涯定向、价值观驱动职业生涯定向

续表

学者	年份	变量描述	维度
李敏等	2017	自我导向的易变职业观追求灵活适应的职业态度，坚信通往职业生涯成功的道路并非唯一，只要充分认识外部环境和自身优劣势条件，就有办法对两者进行最优化整合	单一维度
Briscoe 等	2006	开发了双因子易变职业生涯定向量表，为后续的实证研究提供了有效的工具，其中，用8个条目测量自我导向易变职业生涯定向，例如"最终我依靠自己来推动我的职业发展"；用6个条目测量价值观驱动易变职业生涯定向，例如"如果公司让我做一些违背我的价值观的事情，我会遵循自己的良知"	自我导向易变职业生涯定向、价值观驱动易变职业生涯定向
Sullivan 等	2006	解决了早期研究中所萌生的概念定义含糊、相似概念区分度低等问题，融合了无边界职业生涯和易变职业生涯的理念，为后续研究奠定了理论基础	跨越物理边界的职业流动、跨越心理边界的职业流动

还有学者对易变职业生涯定向进行了研究。Briscoe 等（2006）首先开发了双因子易变职业生涯定向量表，后续有关易变职业生涯定向的实证研究大都采用了该量表（李敏等，2017；De Vos 和 Soens，2008；Okurame 和 Fabunmi，2014；Rahim 和 Zainal，2015；Supeli 和 Creed，2016；Volmer 和 Spurk，2011）。为了弥补 Briscoe 等的双因子结构 PCO 量表的不足之处，Baruch（2014）对该量表进行了修订与发展。首先，通过与易变职业生涯定向的提出者 Hall 及其同事进行沟通探讨，重新创建了一系列能够反映 PCO 概念本质的条目。其次，选择了美国、欧洲、亚洲以及大洋洲的9个样本开展调查来检验量表的信度和效度，最终形成一个七条目量表（高中

华等，2018）。

由于目前对易变职业生涯的研究相对不足，因而本节对易变职业生涯的相关理论研究进行了归纳，以期更加清晰其核心观念。张坤等（2007）指出，与传统职业生涯不同的是，易变职业生涯强调个人的事业决策和个人的事业目标结合在一起，把事业成果表现为一种内在的主观的对事业的满足感，而不只是一种表面现象，如职位的纵向提升和工资的增长，这种现象导致企业在进行员工招募时更着重于雇员的可雇佣性，因此企业对个体的职业发展的重视程度越来越低。Rousseau（1995）认为，易变职业生涯是指企业与劳动者之间的雇佣合同从长期的联系转变到短期的、有弹性的工作安排，在易变职业生涯观念的影响下，职业流动模式表现出了在同一组织中的不同部门间流动，甚至在不同组织和不同专业间发生流动的现象，这是因为员工不再单纯依赖组织或遵循一成不变的职业发展方向，而是在持续学习、自我价值驱动、个性化以及机会与挑战之中摸索向前，因此这类员工事业上的成就与发展更多地取决于人脉与工作经历的积累。Cabrera（2009）认为，易变职业生涯的条件是个体会主动地追求对自己有意义的目标，而不是对组织和社会有意义的目标，"对自己有意义的目标"是个体自主行为，而"对组织和社会有意义的目标"更有可能是企业或社会强加于员工个人的目标，不可否认的是，虽然个体选择在职业选择中占绝对的主导地位，但组织目标也在一定程度上为个体目标提供了指导。

当今时代组织结构趋向于扁平化、劳动力流动性增强，劳动者个体的工作边界被弱化，工作环境是多元化的，工作价值观是多元化的，对成功的定义同样也是多元化的，于是易变职业生涯现象开始涌现（李敏等，2022）。巩振兴等（2022）认为有易变职业生涯观念的个体职业抱负更强，因为他们有更强烈的探索欲望，希望可以通过探索寻找适合自身发展规划和价值取向的工作，但他们的个体行为并不迎合企业的组织价值观，离职倾向也会较高。

根据以上分析,本书参考 Briscoe 等的量表,并结合高科技制造企业及当前环境现状,重新进行归纳与总结,设置了职业认同度、职业社会地位和职业平衡性 3 个维度共 8 个题项来测量易变职业生涯。

二、易变职业生涯对组织能力的影响

组织能力"杨三角"理论指出,员工的能力是一大支柱,也就是人员应具有的相应的素质、经历、工作技巧,是该模式的核心要素。不同企业对员工能力的需求是不同的。关翩翩、李敏(2015)认为易变职业生涯为企业员工职业发展和职业生涯适应的过程提供了原动力,易变职业生涯是一种强烈的想要操控所在环境的想法,因此易变职业生涯会促使个体更善于整合内外部资源以积累生涯发展所需的适应能力,实现职业生涯的满意和成功。

人与环境匹配理论强调个人与工作的匹配,也就是个人对实际所做工作的胜任程度,胜任力能够让个体与工作匹配度更高。Cakmak-Otluoglu(2012)认为易变职业生涯促使员工对组织产生情感上的信赖、认同及依恋情结,这种对职业的认同能够激励员工提升组织能力。具有易变职业生涯心智模式的员工往往有更强的职业适应能力以及对主观成功的渴望,他们会主动激励自己完成工作目标,实现职业生涯成功的目标(李敏等,2017),因此这类员工是在招聘时就应当着重关注的潜力员工。

根据组织能力"杨三角"理论和人与环境匹配理论,并基于以上分析,本书提出如下假设。

H5:易变职业生涯对组织能力有显著正向影响。

H5a:职业认同度对组织能力有显著正向影响。

H5b：职业社会地位对组织能力有显著正向影响。

H5c：职业平衡性对组织能力有显著正向影响。

三、易变职业生涯的中介作用

从以上的分析中可以看出，职业生涯管理、任职资格管理与易变职业生涯之间存在显著的正相关关系，且易变职业生涯对组织能力也有显著的促进作用。有易变职业生涯意识的员工是工作能力更强的员工，他们对于工作具有稳定性需求（翟羽佳等，2018），有易变职业生涯意识的员工会更有危机意识，对市场的认知更加客观全面，因此他们希望可以在现有的工作岗位中尽心尽力，在企业中展现出自身的价值，从而使自己的工作趋于稳定，可见有易变职业生涯观念的员工对于企业任职资格管理以及个人职业生涯管理的敏感度是不同的（郑小静、常凯，2023），易变职业生涯促使这类员工更快、更高质量地成长，在规划的框架下提升个人能力，企业会逐渐形成竞争优势，组织能力增强。

基于以上分析，本书认为职业生涯管理、任职资格管理不仅直接影响组织能力，还可以通过易变职业生涯间接影响组织能力的提升，故提出如下假设。

H6：易变职业生涯在职业生涯管理和组织能力之间具有中介作用。

H7：易变职业生涯在任职资格管理和组织能力之间具有中介作用。

/ 第六节 /
组织支持感相关研究

一、组织支持感测量及维度划分的相关研究

组织支持感对员工的行为和态度有显著影响，它可以增强员工对组织的忠诚度，减少工作压力，提高工作满意度和组织承诺，从而对组织的整体绩效产生积极的影响。Eisenberger（1986）将组织支持感定义为：员工对于组织给予他们的价值重视和利益关心的感知或感受。本书认为组织支持感的重点应当从员工出发，归纳为组织对员工的欣赏、认同以及提供实质性的帮助，能够被员工所感受到的程度。Eisenberger最早提出组织支持感只有单一的情感性支持维度。在其基础上，Mcmillin（1997）通过对服务人员的研究，提出了工具性支持在工作中的重要性，认为组织支持由工具性支持和社会情感性支持共同组成，工具性支持是开展工作的必要条件，社会情感性支持则满足了员工的社会和心理需要。此后学者们基于不同的专业背景及研究视角，不断丰富着组织支持感相关维度研究。例如，Sumathi等（2015）从支持主体的角度，将组织支持感分为正式与非正式两个维度。国内学者大多采用Eisenberger等（1986）编制的单一维度6个题项量表。其他学者关于组织支持感的测量和维度划分，如表2-7所示。

表 2-7 组织支持感变量及其维度

学者	年份	变量描述	维度
董元吉等	2024	采用 Shen 和 Benson（2016）编制的组织支持感问卷调查研究对象的组织支持感	正向支持、负向支持
牛莉霞等	2024	组织支持感转化为员工自身资源后，能够激发员工投资资源以获取额外资源的动机，从而提升个人工作能力和工作效率，增强员工工作活力，表现为员工工作繁荣活力维度的增强，包括"公司会考虑我的意见"等题项	单维度
乔永胜等	2023	采用 Eisenberger 等（1986）开发的 6 题项量表，包括"当我需要公司帮助时，公司会积极为我提供支持"等题项	单维度
何志伟、孙新波	2023	采用 Eisenberger 等（1986）开发的组织支持感量表的简化版量表，共 9 个题项，包括"众包平台的管理方关心我对工作的整体满意度"等	单维度
邓旭东、蒋黎	2022	参考凌文辁等（2006）编制的调查问卷，包括工作支持、价值认同、关心利益等 3 个维度，共 24 个题项	工作支持、价值认同、关心利益
王明辉等	2021	采用 Eisenberger 等（1986）编制并经过修订的包含 8 个条目的量表	单维度
马璐等	2020	采用 Eisenberger 等（1986）开发的 6 条目量表，包括"组织很关心我的目标和价值"等题项	单维度
汤伟娜等	2017	采用 Eisenberger 等（1997）开发的单维度组织支持感量表，共有 6 个题项，包括组织对我很关怀、组织能顾及我的福利、当我工作中遇到困难时组织会给予我帮助等	单维度
周恋、李敏	2015	采用 Shanock 和 Eisenberger（2006）编制的组织支持感量表，典型题项包括企业确实关心我的福利、企业高度重视我的目标和价值等	单维度

续表

学者	年份	变量描述	维度
Asya Pazy	2011	将组织支持感划分为聚焦任务的组织支持、聚焦个人的组织支持两个维度进行测量	聚焦任务的组织支持、聚焦个人的组织支持
杨玉浩、龙君伟	2008	采用凌文辁（2006）在中国文化背景下编制的量表，为了研究的简洁性，组织支持感仅选取负荷较高的17个题项	工作支持、价值认同、关心利益
Kraimer 等	2004	将组织支持感划分为事业型、调整型、财政型3个维度进行测量	事业型、调整型、财政型

在对组织支持感的文献梳理过程中，发现多数学者均采取 Eisenberger 等（1986）开发的6题项量表，少部分学者进行了双维度、三维度的划分，如情感性支持和工具性支持，事业型、调整型和财政型等。结合本书研究的现实背景，根据 Eisenberger 等（1986）的单维度6题量表进行改编，形成组织支持感的单维度量表，包括6个题项。

二、组织支持感的调节作用

调节焦点理论强调当领导给下属以肯定，为员工勾勒理想蓝图时，员工会看到希望，对组织和自我表现出积极态度，会激活下属的促进焦点。社会支持来源于组织、上级、同事等的指导和帮助，其中领导的鼓励能够扩大员工个人职业经历的视野，使员工更加清楚自身价值观，从而对自我导向和价值观驱动的易变职业生涯定向起到积极的促进作用（高中华等，2018）。同时，领导的积极反馈往往为个体提供了更多的职业选择机会，促使他们找到适合自己的职业定位，进而提升其职业生涯选择的活力（Okurame 和 Fabunmi，2014）。以往诸多研究认为，易变职业生涯程度高的员工往往具有更高的不稳定性，更加追求自身在职业生涯中的自我成长，因此员工与组织之间的关系更偏向于一种短期导向的交易型契约关系（Supeli 和 Creed，2016）。但是随着经济社会的不断发展，越来越多的学者认为员工易变职业生涯的程度越高越有利于员工留在组织内部，从而创造更多的创新效能（高中华等，2018；李敏等，2017；Cakmak-Otluoglu，2012）。因而，组织支持感较高的员工往往拥有更多的职业选择机会，其职业生涯选择的活力也较高，更倾向于自我承担个人的职业发展，一方面提高员工解决问题的能力，促进组织长远发展，另一方面员工可能会更加敢于尝试新的方法和策略，激发员工的创新行为，从而提升组织的创新能力和适应变化的能力。

根据调节焦点理论，并基于以上分析，本书提出如下假设。

H8：组织支持感在易变职业生涯和组织能力之间具有正向调节作用。

第七节

研究假设

根据以上分析，可以看出高科技制造企业的任职资格管理、职业生涯管理不仅可以直接影响组织能力，同时任职资格管理、职业生涯管理还会通过易变职业生涯这一中介变量影响组织能力。其中任职资格管理分为任职资格标准、任职资格认证和任职资格体系运作3个维度，职业生涯管理分为环境因素、自身因素和职业因素3个维度，易变职业生涯分为职业认同度、职业社会地位和职业平衡性3个维度，组织能力分为行业地位和企业氛围两个维度，组织支持感采取单维度方式。

由此，共计得到8个总假设、15个子假设，如表2-8所示。

表2-8 本书的假设汇总

假设编号	假设内容
H1	职业生涯管理对易变职业生涯有显著正向影响
H1a	环境因素对易变职业生涯有显著正向影响
H1b	自身因素对易变职业生涯有显著正向影响
H1c	职业因素对易变职业生涯有显著正向影响
H2	职业生涯管理对组织能力有显著正向影响

续表

假设编号	假设内容
H2a	环境因素对组织能力有显著正向影响
H2b	自身因素对组织能力有显著正向影响
H2c	职业因素对组织能力有显著正向影响
H3	任职资格管理对易变职业生涯有显著正向影响
H3a	任职资格标准对易变职业生涯有显著正向影响
H3b	任职资格认证对易变职业生涯有显著正向影响
H3c	任职资格体系运作对易变职业生涯有显著正向影响
H4	任职资格管理对组织能力有显著正向影响
H4a	任职资格标准对组织能力有显著正向影响
H4b	任职资格认证对组织能力有显著正向影响
H4c	任职资格体系运作对组织能力有显著正向影响
H5	易变职业生涯对组织能力有显著正向影响
H5a	职业认同度对组织能力有显著正向影响
H5b	职业社会地位对组织能力有显著正向影响
H5c	职业平衡性对组织能力有显著正向影响
H6	易变职业生涯在职业生涯管理和组织能力之间具有中介作用
H7	易变职业生涯在任职资格管理和组织能力之间具有中介作用
H8	组织支持感在易变职业生涯和组织能力之间具有正向调节作用

/ 第八节 /

研究模型及作用机理

通过文献梳理,本书提出了以下研究模型及作用机理。

一、研究模型

基于上述相关理论研究和假设分析,本书以易变职业生涯为核心,将其前因变量职业生涯管理、任职资格管理和结果变量组织能力统一纳入研究模型中,构建了"自变量(职业生涯管理、任职资格管理)—中介变量(易变职业生涯)—因变量(组织能力)"的研究模型,同时加入了组织支持感这一调节变量,如图2-2所示。基于此模型,我们对易变职业生涯与组织能力的关系进行了相应的假设。

职业生涯管理是企业竭力满足管理者、员工、企业三者间的动态平衡的系列活动,只有将个人的发展目标与组织的发展目标有机结合起来,才能实现职业生涯管理的根本意义,个人职业发展推动了组织能力的提升。任职资格标准体系规范员工的培养和选拔,建立员工职业发展通道,牵引员工不断学习,同时为晋升、薪酬等人力资源工作提供重要的依据,任职资格标准成为员工努力工作的重要动力。可见,职业生涯管理和任职资格

第二章 理论基础与文献综述

标准均对组织能力的提升具有直接作用。然而不同的员工对易变职业生涯的感知是不同的，对职业的认同感、职业的发展高度、职业与生活的平衡度不同，因此自身职业生涯管理与组织发展的结合程度以及对任职资格的认知也有所不同，易变职业生涯能够起到中介作用。

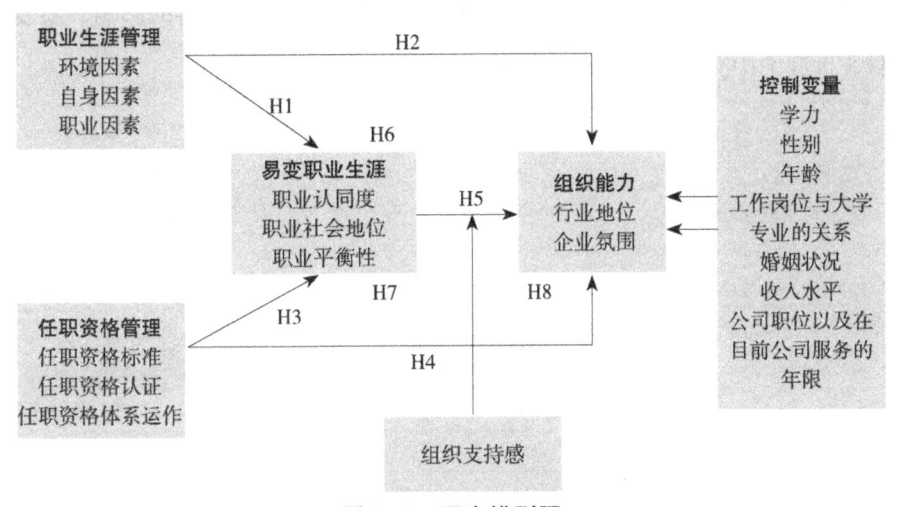

图 2-2 研究模型图

本书的模型中，因变量是组织能力，自变量是职业生涯管理和任职资格管理，中介变量是易变职业生涯，调节变量是组织支持感。职业生涯管理和任职资格管理不仅直接影响组织能力，同时它们还通过易变职业生涯作为中介变量来正向作用于组织能力。员工的职业生涯管理越强、企业的任职资格管理水平越高，越有利于提高员工的职业认同度、职业发展高度以及职业平衡性，因此员工就更善于整合内外部资源以积累职业生涯发展所需的适应能力，实现职业生涯的满意和成功。

二、作用机理

本节进一步对本书研究的作用机理做简要阐释（见图2-3），包含职业生涯管理对易变职业生涯的影响、职业生涯管理对组织能力的影响、任职资格管理对易变职业生涯的影响、任职资格管理对组织能力的影响、易变职业生涯的中介作用以及组织支持感的调节作用。

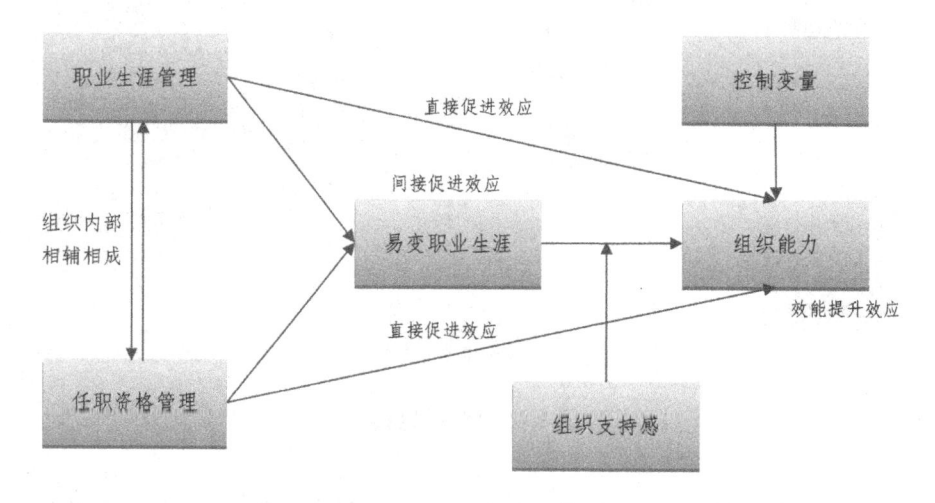

图2-3 作用机理图

1. 职业生涯管理对易变职业生涯的影响

目前学者们关于职业生涯管理对易变职业生涯的影响研究中，普遍认为具有较好的职业生涯管理意识和条件的员工，更加偏向于自主选择职业，以自我为导向，也就是职业生涯管理能够促进员工的易变职业生涯。这主要是由于更高程度的职业生涯管理更好地赋予了员工的主动性倾向，关注各种职业选择的可能性，进而提升其职业技能和职业适应性，影响其易变职业生涯。同时，使命取向对易变职业生涯具有显著影响。

2. 职业生涯管理对组织能力的影响

虽然在以往的相关研究中，对职业生涯管理的影响因素研究尚未出现"组织能力"的字眼，但存在诸多与组织能力相关联的，如组织承诺、工作满意度、工作绩效、离职倾向等反映员工工作态度的词语。大量研究探索了职业生涯管理与组织承诺、工作满意度、工作绩效、离职倾向等员工工作态度的相关关系，并且呈现显著影响。用社会认知理论来解释，个体的行为、认知结构、外部环境能够决定个体活动，进而做出对组织能力提升有利的决策。

3. 任职资格管理对易变职业生涯的影响

已有研究表明，组织层面的举措能够对员工个人的易变职业生涯进行干预。其中，组织层面给予员工的任职资格管理会为员工提供相应的指导，进而有利于引导员工产生易变职业生涯的可能性，产生积极影响。

4. 任职资格管理对组织能力的影响

任职资格管理的受益者是组织，任职资格管理体系的完善有助于组织能力的提升。学者们的研究表明，任职资格管理对员工的个人行为产生影响，是企业保持人才优势的关键。企业进行任职资格管理的重点是优化人力资源管理体系，形成强大的人力资源支撑，进而带动组织能力的提升。

5. 易变职业生涯对组织能力的影响

易变职业生涯对组织能力会产生正向影响，并分别从职业认同度、职业社会地位、职业平衡性3个方面发生作用。具有易变职业生涯心智模式的员工往往有更强的职业适应能力以及对主观成功的渴望，他们会主动激励自己完成工作目标，有助于组织整体目标的更好实现。

6. 易变职业生涯的中介作用

职业生涯管理通过易变职业生涯对组织能力产生正向影响，任职资格管理通过易变职业生涯对组织能力产生正向影响。其中，职业生涯管理是通过环境要素、自身因素、职业因素 3 个方面对组织能力产生正向影响，任职资格管理是通过任职资格标准、任职资格认证、任职资格体系运作 3 个方面对组织能力产生正向影响。

7. 组织支持感的调节作用

组织支持感正向调节易变职业生涯与组织能力之间的关系。组织支持感较高的员工往往拥有更多的职业选择机会，其职业生涯选择的活力也较高，更倾向于自我规划个人的职业发展，有助于组织的长远发展，并提升组织能力。

第二章 理论基础与文献综述

本章小结

本章主要介绍本书的理论基础，并对相关文献进行综述。

首先，本书进行理论建构所需要用到的管理学理论中，组织能力"杨三角"理论模型与本研究的因变量组织能力高度相关，能够对组织能力的前因机制进行有效的解释；人与环境匹配理论可以解释易变职业生涯、任职资格管理对组织能力的影响；职业生涯管理理论能够解释职业生涯管理对易变职业生涯和组织能力的影响；社会认知理论能够解释易变职业生涯、职业生涯管理和任职资格管理的具体作用机理；调节焦点理论能够解释组织支持感、易变职业生涯、组织能力的具体作用机理。

其次，对本书关注的变量进行文献综述，目前的研究已经对任职资格管理、职业生涯管理、易变职业生涯、组织能力和组织支持感的概念进行了大量的讨论，其中，对组织能力的研究较为丰富。在对组织能力理论的文献梳理中，着重介绍了组织能力的影响因素；在对职业生涯管理的文献梳理中，着重介绍了当下研究中学者们关于职业生涯对易变职业生涯的影响、职业生涯管理对组织能力的影响的观点；在对任职资格管理的文献梳理中，着重介绍了当下研究中学者们关于任职资格管理对易变职业生涯的影响、任职资格管理对组织能力的影响的观点；在对易变职业生涯的文献梳理中，着重介绍了当下研究中学者们关于易变职业生涯对组织能力的影响、易变职业生涯的中介作用的观点；在对组织支持感的文献梳理中,着重介绍了当下研究中学者们关于组织支持感的调节作用的观点。

最后,经过以上文献梳理及概述,总结出本书的研究假设,并提出相应的研究模型。

第三章
研究方法与研究设计

通过对相关理论及组织能力、职业生涯管理、任职资格管理、易变职业生涯管理、组织支持感等相关研究文献的梳理，本章将对研究方法论进行阐述。本章分别运用了文献研究法、问卷调查法和实证分析法等方法，不同的方法可以对相关的理论假设独立地进行验证，并基于不同视角确保研究内容的准确性。

第三章　研究方法与研究设计

/ 第一节 /
研究方法

首先用文献研究法整理了高科技企业组织能力和职业生涯管理、任职资格管理、易变职业生涯、组织支持感的相关文献，根据现有的研究成果提出研究内容、研究目的，确定研究对象，并提出研究假设，然后用问卷调查法收集假设验证所需的数据，最后用实证研究法对研究假设进行检验，得出研究结论。

一、文献研究法

文献研究法主要指收集、鉴别和整理文献，并通过对文献的研究形成对事实的科学认识的方法。现实中的多数研究都是在前人成果的基础上进行的，本书也不例外。随着时代的发展，国内外学者围绕企业家能力、组织韧性、战略变革等方面的研究越来越广泛。本书通过中国知网、万方数据库等检索相关成果，阅读、参考了近年来国内外学者的相关研究，对其研究机制与结论进行梳理，逐渐整合清晰本书相关变量的概念及影响机制，并参考国内外专家对相关领域的研究成果，为本书的理论基础和实证研究提供支持。高科技企业组织能力、高科技企业员工的职业生涯管理和易变职业生涯的研究过程需要阅读大量相关文献资料，也需要对高科技企业组织能力的实践活动进行调查研究，通过调查高科技企业的实际情况，结合数据收集与分析，实现对我国高科技企业组织能力问题研究的目标。

通过以上文献研究，构建了数字经济驱动下企业组织能力的作用机理、内部逻辑模型，对模型中的重要概念进行界定，进而提出本书的关键假设。然后参考借鉴部分学者对各变量的测量指标和题项，设计了本书用于问卷调查的测量量表。可以说文献研究法是本书研究能否成功的重要基石，为下一步理论与实证分析奠定了坚实的基础。

二、问卷调查法

本书在文献归纳的基础上，建立高科技企业组织能力与员工职业生涯管理间的关系模型。在国内外成熟量表的基础上，结合中国高科技制造企业的特点和员工特点设计本书的调查问卷，并通过实际调研获取内生变量、外生变量、中介变量和调节变量的一手数据，具体测度中首先明确采用 5 级 Likert 量表进行测度，调查问卷要求被调查者对各个影响因素的认可程度做出评价，通过文献梳理，将调查问卷分为企业基本信息、任职资格管理、职业生涯管理、组织能力、易变职业生涯和组织支持感 6 个部分，其中任职资格管理分为任职资格标准、任职资格认证和任职资格体系运作 3 个维度，职业生涯管理分为环境因素、自身因素和职业因素 3 个维度，易变职业生涯分为职业认同度、职业社会地位和职业平衡性 3 个维度，组织能力分为行业地位和企业氛围两个维度，组织支持感为单一维度。

三、实证研究法

高科技企业组织能力涉及面很广、影响因素很多，本书选取高科技制造企业员工的职业生涯管理为研究点，从职业生涯管理的前置因素——任职资格标准出发，中介变量是易变职业生涯，影响变量是激励机制，从而分析出高科技企业组织能力与员工职业生涯管理间的关系，通过问卷调查收集到研究所需的数据后，运用 SPSS 26.0 和 AMOS 24.0 软件对数据进行分析处理，从而验证假设是否成立。

本书运用的实证分析法具体包括如下 7 个方面：一是为了解调查问卷所获得数据的大概情况，对调查数据进行描述性统计分析；二是为保证调查数据的一致性和稳定性，对调查数据进行信度分析；三是为确保研究目的的实现，对调查数据进行效度分析；四是为研究组织能力、职业生涯管理、任职资格管理、易变职业生涯管理这 4 个变量两两之间的线性关系，运用相关分析研究变量之间的相关关系；五是运用结构方程模型及其路径系数检验理论假设 1 至理论假设 5 是否成立；六是运用 Bootstrap 的方法检验理论假设 6 和理论假设 7 是否成立；七是运用回归分析与简单斜率检验来验证假设 8 是否成立。

1. 描述性统计分析

描述性统计分析主要是对样本数据进行总体情况分析，包含调查对象所属企业的区域分布、企业性质、企业存续时间、企业行业归属、企业人员规模等，看其是否符合研究的要求。

峰度（Kurtosis）是研究数据分布陡峭或平滑的统计量，通过对峰度系数的测量，能够判定数据相对于正态分布而言是更陡峭还是平缓。若峰度约等于 0，则分布的峰态服从正态分布；若峰度大于 0，则分布的峰态陡峭（高尖）；若峰度小于 0，则分布的峰态平缓（矮胖）。

偏度（Skewness）用于衡量随机变量概率分布的不对称性，是相对于平均值不对称程度的度量，通过对偏度系数的测量，我们能够判定数据分布的不对称程度以及方向。偏度的衡量是相对于正态分布来说的，正态分布的偏度为 0，即若数据分布是对称的，则偏度为 0；若偏度大于 0，则分布右偏，即分布有一条长尾在右；若偏度小于 0，则分布为左偏，即分布有一条长尾在左。同时，偏度的绝对值越大，说明分布的偏移程度越严重。

2. 信度分析

信度可以分为内在信度和外在信度两种。内在信度是指调查问卷的一组问题或整个调查表测量的是否是同一个概念；外在信度是指不同时间进行测量时调查结果的一致性程度，一般采用重复测量信度来代表外在信度，即不同时间对同一对象反复测量所得结果的一致性程度。本书的信度分析主要是对量表的内部一致性系数进行检验。最常用的内在信度系数为克隆巴赫 Alpha 系数（Cronbach' α）。本书采用 α 系数来检验量表信度，一般来说，如果 $\alpha > 0.7$，则认为量表具有较高的内在一致性；如果 $\alpha =0.5$，则被认为可接受信度较低；如果 $\alpha =0.35$，则为低信度水平。普遍认为 α 系数达到 0.7 以上，即为理想水平。

3. 效度分析

常用的效度可分为内容效度和结构效度。本书研究所用测量工具均改编或借鉴已有成熟量表，同时通过咨询专家和企业管理者来确保量表具有较高的内容效度。结构效度则主要采用因子分析，检验各个变量是否有足够的区分效度和收敛效度。关于区分效度，我们采用的是探索性因子分析

（EFA）方法，目的在于确认量表因素结构或一组变量的模型，需要考虑并决定因素或构念的选择个数，以及因素负荷量的组型如何，旨在达成建立量表或问卷的建构效度。运用 SPSS 26.0 软件进行因子分析时，当 KMO 值在 0.9 以上，表示非常适合因子分析；KMO 值在 0.8~0.9 之间，表示很适合因子分析；KMO 值在 0.7~0.8 之间，表示适合因子分析；KMO 值在 0.6~0.7 之间，表示不太适合因子分析；KMO 值在 0.5~0.6 之间，表示勉强适合因子分析；如果 KMO 值小于 0.5，则表示不适合因子分析。通常来说，KMO 值处于 0.5~1 之间，效度即可接受。关于收敛效度，是通过在量表中提取公因子的方法，用因子载荷反映公因子对量表的相关程度。在因子分析中，因子负荷值越大，收敛效度就越高。一般来说，因子负荷要在 0.5 以上才能满足收敛效度的要求。

4. 相关分析

相关分析是一种用于研究两个或两个以上处于同等地位的变量间的相关关系的统计分析方法，主要侧重于发现变量间的种种相关特性。通过相关性分析，可以发现两个或两个以上的变量之间的相关水平。在相关分析中，主要采用 Pearson 相关系数进行判断。Pearson 相关系数处于 –1~1 之间，可以是此范围内的任何值，相关系数绝对值越接近 1，表示两变量的关联程度越强，相关系数的绝对值越接近 0，表示两变量的关联程度越弱。当相关系数大于 0 时，表示两变量之间是正相关关系，此时一个变量随另一个变量的增加而增加；当相关系数小于 0 时，表示两变量之间是负相关关系，此时一个变量随另一个变量的增加而减少。

5. 层次回归分析

层次回归分析是检验调节效应的一种非常适用的方法。该方法的优势突出表现在它能够将不同的变量分离成不同的模块，从而允许研究人员在添加新变量后观测方差是否有显著变化（Osazuwa 和 Che-Ahmad，2016）。完整的层次回归分析通常包括 4 个步骤，在每个步骤中都会形成一个方程式（Du 等，2018；Yue 等，2013）。第一步是将控制变量引入回归模型，得到如公式 3-1 所示的方程式。在第二步和第三步中分别加入自变量和调节变量，生成如公式 3-2 和 3-3 所示的方程式。第四步是将中心化处理后的自变量和调节变量相乘生成的交互变量加入模型，生成如公式 3-4 所示的方程式。当交互项变量能够解释因变量的大部分方差变异，且具有统计学意义上的显著性时，或交互项的回归系数 t 检验具有明显显著性时，又或是整个回归模型的 F 检验具有明显显著性时，则表明该变量具有显著的调节效应（Dean 和 Snell，1991；Qu 等，2014）。本书采用 SPSS 26.0 软件进行层次回归分析，相关方程式表示如下。

$$y = \beta_0 + \beta_1 x_{control} + \varepsilon \quad (3-1)$$

$$y = \beta_0 + \beta_1 x_{control} + \beta_2 x_{independent\ variable} + \varepsilon \quad (3-2)$$

$$y = \beta_0 + \beta_1 x_{control} + \beta_2 x_{independent\ variable} + \beta_3 x_{moderator} + \varepsilon \quad (3-3)$$

$$y = \beta_0 + \beta_1 x_{control} + \beta_2 x_{independent\ variable} + \beta_3 x_{moderator} + \beta_4 x_{independent\ variable} \times x_{moderator} + \varepsilon \quad (3-4)$$

其中，y 是因变量，β_0 是截距项，β_1、β_2、β_3 和 β_4 是回归系数，$x_{control}$、$x_{independent\ variable}$、$x_{moderator}$ 和 $x_{independent\ variable} \times x_{moderator}$ 分别代表控制变量、自变量、调节变量和交互变量，ε 表示误差项。

6. 结构方程模型

结构方程模型是一种强大的多元统计建模技术，常被用于检验所提出的理论模型和假设（Kline，2011）。与回归分析等其他统计技术相比，结构方程模型具有许多显著的优势，包括：测量无法直接观察到的潜在（难以直接观测到的）构念；同时分析多组因果关系，即同时允许结构方程模型中包含多个因变量；同时测试不同构念之间的直接和间接影响关系；允许自变量和因变量包含测量误差；能够提供更精确和更具灵活性的测算结果（Kline，2011；Zhang 等，2018）。考虑到高科技制造企业的组织能力是一个抽象的概念变量，难以直接量化，且任职资格管理、职业生涯管理、易变职业生涯等自变量同样具有不可直接观测的特点，可知结构方程模型是适合本书的分析方法，并采用 AMOS 24.0 软件进行数据分析和假设检验。

结构方程模型一共由 3 个矩阵方程式组成，包括两个测量方程式（即测量模型）和一个结构方程式（即结构模型）。测量模型是用于通过检查指标（观测变量）如何有意义地"结合在一起"来构造潜在变量。报告潜在变量和观测变量之间相关关系的测量方程式如下所示。

$$y = \Lambda y \eta + \varepsilon \quad (3-5)$$

$$y = \Lambda x \xi + \delta \quad (3-6)$$

其中，y 和 x 分别表示由内生观测变量和外生观测变量组成的列向量，内生潜在变量通常表示为 η，外生潜在变量通常表示为 ξ，Λy 和 Λx 分别表示外生观测变量在外生潜在变量上的因子载荷矩阵和内生观测变量在内生潜在变量上的因子载荷矩阵，ε 和 δ 分别表示内生观测变量 y 和外生观测变量 x 的误差项。

结构模型揭示了潜在变量之间的相关关系，通常是线性的。典型的结构方程式如下所示。

$$\eta = B\eta + \Gamma\xi + \zeta \quad (3-7)$$

其中，η 表示内生潜在变量，ξ 表示外生潜在变量，B 和 Γ 分别表示内生潜在变量间的路径系数和外生潜在变量对内生潜在变量的路径系数，ζ 是结构方程的残差项。

第二节
量表设计

本书变量的选取和测量量表的确定主要参考了国内外的研究文献，寻找与测量变量相关的量表，并基于高科技制造企业的实际情况对测量量表进行了适当的调整和修正，所有设计均符合研究需要。在具体测度中，调查问卷要求被调查者对各个影响因素的认可程度做出评价，主要是基于5级Likert量表对其进行测度：1=完全不同意，2=不同意，3=不一定，4=同意，5=完全同意。本书是对易变职业生涯及其前因变量与结果变量进行实证研究，主要涉及5个变量，包括2个自变量（职业生涯管理、任职资格管理），1个因变量（组织能力）、1个中介变量（易变职业生涯）和一个调节变量（组织支持感），同时将学历、性别、年龄、工作岗位与大学专业的关系、婚姻状况、收入水平、公司职位以及在目前公司服务的年限纳为控制变量。根据量表的设计，我们统一将职业生涯管理、任职资格管理、易变职业生涯、组织能力和组织支持感分别用CM、QM、VC、OS和POS表示，其中，EF、PF和OF分别表示环境因素、自身因素和职业因素，QS、QC和OQ分别表示任职资格标准、任职资格认证和任职资格体系运作，PI、PS和PE分别表示职业认同度、职业社会地位和职业平衡性，IP和EA分别表示行业地位和企业氛围。

一、组织能力问卷量表设计

组织能力指开展、组织工作的能力,是公司在与竞争对手投入相同的情况下,具有以更高的生产效率或质量将其各种要素转化为产品或服务的能力。在本书中,从企业的行业地位、企业氛围两个维度来具象化组织能力。行业地位指企业的经营绩效、在行业中的地位等;企业氛围指员工在企业中感受到的人际关系、组织氛围,以及组织对人才的吸引程度等。本书参考 Gold 等(2001)和 Teece 等(1997)开发的量表,设置了行业地位(5 个题项,α=0.951)、企业氛围(3 个题项,α=0.927)两个维度共 8 个题项的量表用于测量组织能力,如表 3-1 所示。

表 3-1 组织能力问卷量表设计

变量	题号	测量题项	参考文献
组织能力	IP-1	您认为贵公司在行业内处于领先地位	Gold 等(2001)、Teece 等(1997)
	IP-2	您认为贵公司的发展非常稳健	
	IP-3	您相信贵公司未来会成为行业龙头	
	IP-4	您认为贵公司的整体效率高于同行	
	IP-5	您相信贵公司能够应对行业内的一切挑战	
	EA-1	您觉得您的同事都是专业领域里的牛人	
	EA-2	您认为贵公司的组织文化正是您想要的	
	EA-3	您觉得贵公司的氛围、人际关系非常符合您的期望	

二、职业生涯管理问卷量表设计

职业生涯是企业竭力满足管理者、员工、企业三者间的动态平衡的系列活动，因此，本书从环境因素、自身因素和职业因素对职业生涯管理进行测量。职业生涯管理包括员工个体的职业规划、人生目标以及关键影响人群的期望等，并不单单是员工个体的兴趣爱好与职业生涯规划，影响到员工职业生涯管理的因素还包括员工个人的职业兴趣、亲友对员工职业的期望、员工职业在社会上的受尊重程度、职业本身成长路径的完备程度等。环境因素指员工的亲友、同事等的期望对员工个人职业的影响；自身因素指员工自身的学历、经验、个人职业兴趣和个人职业期望等；职业因素指员工职业在社会上的影响力、职业本身的发展路径完备程度等。本书参考 NEO（1996）、龙立荣（2002b）和翁清雄（2010）开发的量表，设置了环境因素（2个题项，$\alpha=0.825$）、自身因素（2个题项，$\alpha=0.799$）和职业因素（4个题项，$\alpha=0.757$）3个维度共8个题项的量表用于测量职业生涯管理，如表3-2所示。

表3-2 职业生涯管理问卷量表设计

变量	题号	测量题项	参考文献
职业生涯管理	EF-1	您的家人非常支持您现在的职业	NEO（1996）、龙立荣（2002b）和翁清雄（2010）
	EF-2	您的朋友非常羡慕您现在的职业	
	PF-1	您对您未来的职业发展方向比较清楚	
	PF-2	您在考虑换一份职业	
	OF-1	职位长期得不到提升您也不考虑换职业	
	OF-2	职位提升与加薪间您更倾向于职位提升	
	OF-3	职位提升与加薪间您更倾向于加薪	
	OF-4	换职业对您而言意味着换公司	

三、任职资格管理问卷量表设计

任职资格管理是从称职胜任的角度出发，对员工能力进行分等分级，以任职资格标准体系规范员工的培养和选拔，建立员工职业发展通道，牵引员工不断学习，同时为晋升、薪酬等人力资源工作提供重要的依据。本书将任职资格管理分为任职资格标准、任职资格认证和任职资格体系运作3个维度。任职资格标准指中国高科技制造企业为研发体系员工根据职业发展通道明确的资格标准；任职资格认证指中国高科技制造企业如何将研发体系员工的具体工作行为与任职资格标准进行对应应用；任职资格体系运作指中国高科技制造企业人力资源系统如何在研发体系员工中推介、宣贯任职资格管理以及应用任职资格管理成果。本书参考杨序国（2016）和吴春波（2010）的相关研究，设置了任职资格标准（2个题项，$\alpha=0.896$）、任职资格认证（2个题项，$\alpha=0.905$）和任职资格体系运作（4个题项，$\alpha=0.934$）3个维度共8个题项的量表用于测量任职资格管理，如表3-3所示。

表3-3 任职资格管理问卷量表设计

变量	题号	测量题项	参考文献
任职资格管理	QS-1	贵公司会给予您在企业内详细的职业发展指导	杨序国（2016）、吴春波（2010）
	QS-2	贵公司有任职资格标准并定期向您宣导	
	QC-1	您在贵公司的升迁、降职均需依据任职资格认证结果	
	QC-2	贵公司任职资格标准符合您的发展期望	
	OQ-1	贵公司会定期组织您参与任职资格认证并匹配对应待遇	
	OQ-2	贵公司经常有专人同您交流您在公司的职业发展方向	
	OQ-3	您在贵公司服务一定的年限后职位会有变动	
	OQ-4	如果您不喜欢现在的工作，贵公司也会为您安排其他的岗位	

四、易变职业生涯问卷量表设计

易变职业生涯是指由于个人兴趣、能力、价值观以及工作环境的变化，企业或组织经营环境和内部政策的变化，使员工改变自己的职业生涯规划的行为，从而导致员工的职业生涯并不稳定。在本书的研究中，将易变职业生涯分为职业认同度、职业社会地位和职业平衡性3个维度。职业认同度指中国高科技制造企业研发体系员工对自身职业的认可程度以及自豪感等；职业社会地位指中国高科技制造企业研发体系员工周围的亲友对其职业的认同程度、其职业在社会中受到的尊重程度等；职业平衡性指中国高科技制造企业研发体系员工职业与生活的平衡程度，以及工作时间带给其生活的幸福感等。本书参考 Briscoe 等（2006）开发的量表，设置了职业认同度（3个题项，$\alpha=0.889$）、职业社会地位（2个题项，$\alpha=0.905$）和职业平衡性（3个题项，$\alpha=0.825$）3个维度共8个题项的量表用于测量易变职业生涯，如表3-4所示。

表3-4 易变职业生涯问卷量表设计

变量	题号	测量题项	参考文献
易变职业生涯	PI-1	您的家人为您现在的职位感到骄傲和自豪	Briscoe 等（2006）
	PI-2	您的朋友为您现在的职位感到骄傲和自豪	
	PI-3	您非常热爱您现在的职业并会持续从事该职业	
	PS-1	外部存在更高待遇的同岗位工作机会，您会选择离开	
	PS-2	外部存在更高待遇的其他（非本专业）工作机会，您会选择离开	
	PE-1	您认为现在的工作时间能够让您平衡工作与生活	
	PE-2	您非常满足于您现在的岗位	
	PE-3	您担心自己未来在公司的发展与地位	

五、组织支持感问卷量表设计

组织支持感的重点应当从员工出发,归纳为组织对员工的欣赏、认同以及提供实质性的帮助,能够被员工所感受到的程度。本书根据 Eisenberger 等(1986)开发的量表,根据预调研的反馈结果,最终采用 6 题简版量表,已有不同行业和组织的研究支持该量表具有较好的内部信度和单维度结构(马璐等,2020;牛莉霞,2024),在本书中该量表的内部一致性信度为 0.921,如表 3-5 所示。

表 3-5 组织支持感问卷量表设计

变量	题号	测量题项	参考文献
组织支持感	POS-1	组织很认同我的目标和价值	Eisenberger 等(1986)
	POS-2	组织在我有困难时会给予我帮助	
	POS-3	组织很关心我的个人利益	
	POS-4	组织一有机会就会压榨我	
	POS-5	组织很重视我的观点	
	POS-6	组织在我因个人原因而犯错时会原谅我	

六、控制变量

根据以往研究结果与影响因变量的因素,选定学历、性别、年龄、工作岗位与大学专业的关系、婚姻状况、收入水平、公司职位以及在目前公司服务的年限 8 项内容为本书的控制变量。

/ 第三节 /

调查方案设计

本节主要介绍调查方案设计的过程,包括确定调查对象及目的、确定抽样方法及样本容量、问卷的量表开发设计、问卷的发放和回收。

一、确定调查对象及目的

本书的调查对象是中国境内高科技制造企业的技术研发类员工,调查问卷的数据主要来自我国高科技制造企业相对聚集的城市,如深圳、广州、重庆等,这些地区属于高科技制造企业发展水平较高的城市,可以较好地反映高科技制造企业研发人员的组织能力问题。

调查目的是了解相关变量的基本情况和数据。一是从中国高科技制造企业员工视角,了解变量职业生涯管理、任职资格管理对组织能力影响的基本情况并收集相关数据;二是从中国高科技制造企业员工视角,了解变量职业生涯管理、任职资格管理对易变职业生涯影响的基本情况并收集相关数据;三是从中国高科技制造企业员工视角,了解变量易变职业生涯对组织能力影响的基本情况并收集相关数据;四是从中国高科技制造企业员工视角,了解变量易变职业生涯在职业生涯管理对组织能力影响过程中的中介作用的基本情况并收集相关数据;五是从中国高科技制造企业员工视角，了解变量易变职业生涯在任职资格管理对组织能力影响过程中的中介作用的基本情况并收集相关数据；六是了解变量组织支持感在易变职业生涯对组织能力影响过程中的调节作用的基本情况并收集相关数据；七是了解学历、性别、年龄、工作岗位与大学专业的关系、婚姻状况、收入水平、公司职位以及在目前公司服务的年限 8 项内容对组织能力影响的基本情况并收集相关数据。

二、确定抽样方法及样本容量

第一，本书考虑到人力、时间和经费等限制条件，采用分层抽样的问卷方法。根据中国高科技制造企业核心层、高层和中层的比例情况，按总公司或母公司董事会成员、总公司或母公司经理班子成员、分公司或子公司经理班子成员 1∶3∶6 的比例进行抽样分层。

第二，样本容量的确定。本书采用公式 $n=N/(1+Ne^2)$，$N=15873$ 为总体数量，$e=0.05$ 为可接受误差值，所得的样本容量 $n=390.16$。为有效估计总体特征，样本容量 $n \geqslant 391$。

三、问卷的量表开发设计

为获得研究中实证分析所要使用的数据，本书采用问卷调查的方式收集数据。因此，本节专门针对数据获取以及量表的设计与开发进行详细说明，为之后的研究奠定一定的基础。

组织能力的打造与提升往往不受单独的业务领域或管理手段影响，而是主要受企业家的价值取向、企业的管理和流程水平以及员工个体的诉求三方面的影响，因此本书的研究范围聚焦在高科技企业员工的职业生涯管理对组织能力的影响上。

此外，道德考量是在本书中需要考虑的事项，因此在问卷设计、发放和回收等环节中，严格遵守诚信、透明公开、保护个人隐私的原则，做到研究方法与研究问题严格相关，不会在研究过程中掺杂任何个人的与研究无关的设计。

问卷调查的受访者均是在知情且自愿的情况下参与，在问卷设计中加入了知情说明，并且向受访者口头说明了研究目的、数据用处以及保密措施，使个人能够理解参与的含义。以下为调查问卷中的承诺："笔者正在做毕业论文撰写工作，需要搜集数据进行定量研究。我们承诺本次问卷调查仅供学术研究专用，不涉及任何商业用途，我们对您填写的内容将严格保密。"因此，本书是符合学术道德规范的。在不施加任何压力或胁迫的情况下，征求受访者的意见，询问受访者是否愿意参与调查，受访者仅凭个人意愿进行决定，如果不愿参与便不再干涉和纠缠。为了保护受访者的隐私，全程采用匿名方式获取数据，数据在服务器和个人电脑中保存并予以加密，保证不会泄露。在撰写过程中，仅对整体数据进行分析和呈现，不会单独展现一个企业的经营数据、地点、问卷填写者的信息，严格保护企业以及受访者的个人隐私。

最后，基于研究问题与数据样本的匹配，本书采用的样本数据都是通过调查问卷的方式获得，并且量表的设计中不存在需要保密或涉及隐私的信息。为保证数据的可靠有效，对调查获得的数据进行了信度和效度分析。在此基础上，利用回归分析方法对任职资格管理、职业生涯管理、易变职业生涯与组织能力的关系进行了实证检验。

四、问卷的发放和回收

本书通过线上分发的方式向目标企业发送调查问卷，然后由目标对象按照调查问卷题项填写答案，并通过 App 直接提交反馈。运用 SPSS 26.0 和 AMOS 24.0 软件构建高科技制造企业组织能力与员工职业生涯管理间的关系模型，并对其路径关系进行客观评价。

本书所采用的调查数据均通过互联网工具以不记名的方式向目标对象发放调查问卷获取，样本的来源主要是中国高科技制造企业的员工及管理者。

由于本书的研究对象是数字经济驱动下的高科技企业，所以调查对象所代表的都是高科技企业。为了确保样本的全面性，调查考虑了调查对象所属企业的区域分布，同时考虑了调查对象的岗位角色（基层、中层、高层管理者）、收入水平、在目前公司的服务年限、现工作岗位与大学专业的关系，从调查反馈的结果来看，采样的数据符合本书的要求。

第一，从样本结构来看，本次调查总共收到来自 23 个省（直辖市、特别行政区）的有效调查问卷 465 份，调研对象所在地区主要是广东、山东、重庆，合计占比 84.73%，这些地区都是中国高科技制造业较为发达的地区。

第二，问卷调查对象覆盖企业的基层、中层和高层管理人员，其中基层管理人员占比 40.43%，中层管理人员占比 35.48%，高层管理人员占比 24.09%。

第三，从调查对象的收入水平来看，14.19% 的调查对象年收入在 100 万元以上，13.33% 的调查对象年收入为 50 万～100 万元，31.40% 的调查对象年收入为 20 万～50 万元，41.08% 的调查对象年收入为 20 万元以内。

第四，从调查对象在目前公司的服务年限来看，29.46% 的调查对象在目前公司的服务年限为 8 年以上，17.85% 的调查对象在目前公司的服务年限为 5~8 年，20.00% 的调查对象在目前公司的服务年限为 3~5 年，18.28% 的调查对象在目前公司的服务年限为 1~3 年，另有 14.41% 的调查对象在目前公司的服务年限为 1 年以内。

第五，从调查对象工作岗位与大学专业关系来看，39.78% 的调查对象工作岗位与大学专业对口，有 32.69% 的调查对象工作岗位与大学专业相关，有 27.53% 的调查对象工作岗位与大学专业不对口。

本章小结

本章介绍了本书的研究方法、量表设计、预调研与信效度检验。

第一，介绍本书的研究方法——文献研究法、问卷调查法以及实证研究法。其中，实证研究法具体包括描述性统计分析、信度效度检验、相关性分析、层次回归分析和结构方程模型。

第二，设计本书的调查问卷和测度变量。在对调查问卷的测量题项进行设计时，主要借鉴国内外已成熟量表，并根据实际需要对量表进行适当的修改。共设计了 38 个题项，其中任职资格管理包括 3 个因子共 8 个题项、职业生涯管理包括 3 个因子共 8 个题项、组织能力包括 2 个因子共 8 个题项、易变职业生涯包括 3 个因子共 8 个题项、组织支持感包括 1 个因子共 6 个题项。

第三，介绍调查方案设计的过程，包括确定调查对象及目的、确定抽样方法及样本容量、问卷的量表开发设计、问卷的发放和回收。

第四章

实证分析

　　通过问卷调查的方式收集数据后,根据职业生涯管理、任职资格管理、易变职业生涯、组织能力、组织支持感相关变量的性质、假设验证以及研究模型的需要,本章采用统计软件 SPSS 26.0 和 AMOS 24.0 进行数据分析和假设验证。主要包括5个方面的内容:一是问卷数据的描述性统计分析;二是变量的描述性统计分析;三是量表的信效度检验,包括信度检验、验证性因子分析以及共同方法偏差检验;四是进行组织能力驱动因素的路径分析与假设检验,采用结构方程模型的方法,对本书的 H1~H5 等20个假设进行验证,包括主效应、中介效应;五是进行组织支持感的调节效应分析及假设检验,并绘制调节效应图。

第一节

样本基本情况描述

本次问卷调查的受访者主要是中国高科技制造企业的各级管理者，在样本企业选取时目标对象为广东、山东、重庆等高科技制造行业发展水平较高地区的企业，并且以问卷填写者的收入水平、职位、在现公司的服务年限、工作岗位与大学专业关系等指标作为参考要素。

从样本结构来看，本次调查共收到来自23个省（直辖市、特别行政区）的有效调查问卷465份，调研对象所在地区主要是广东、山东、重庆，合计占比84.73%，如表4-1所示。

表4-1 调查对象来源

来源省份	小计	比例
广东	244	52.47%
重庆	81	17.42%
山东	69	14.84%
陕西	13	2.80%
四川	12	2.58%
湖南	12	2.58%
其他	34	7.31%
合计	465	100.00%

企业组织能力与管理

第一，从学历来看，27.70%的调查对象是硕士及以上学历，共129人；36.10%为本科学历，共168人；29.50%为大专学历，共137人；6.70%为高中及以下学历，共31人，如图4-1所示。

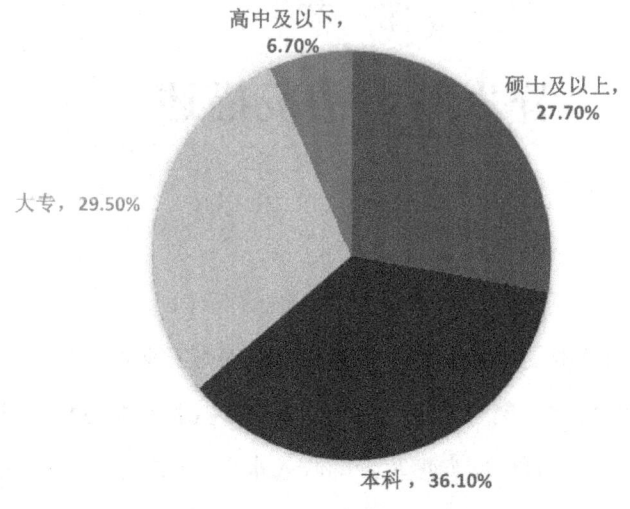

图 4-1 调查对象学历比例

第二，从性别来看，男性共293人，占比63.01%，，女性共172人，占比36.99%，如图4-2所示。

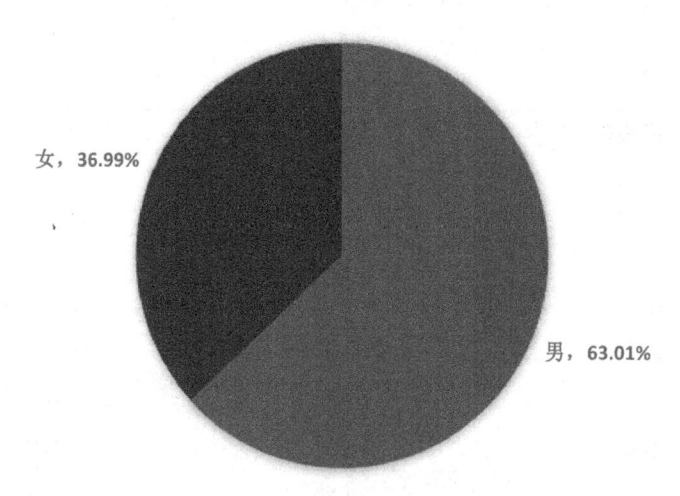

图 4-2 调查对象性别比例

第三，从调查对象的年龄来看，17.42%的调查对象年龄在25岁以下，共81人；18.71%的调查对象年龄在25（不含）~30岁之间，共87人；32.04%的调查对象年龄在30（不含）~35岁之间，共149人；31.83的调查对象年龄在35岁（不含）以上，共148人，如图4-3所示。

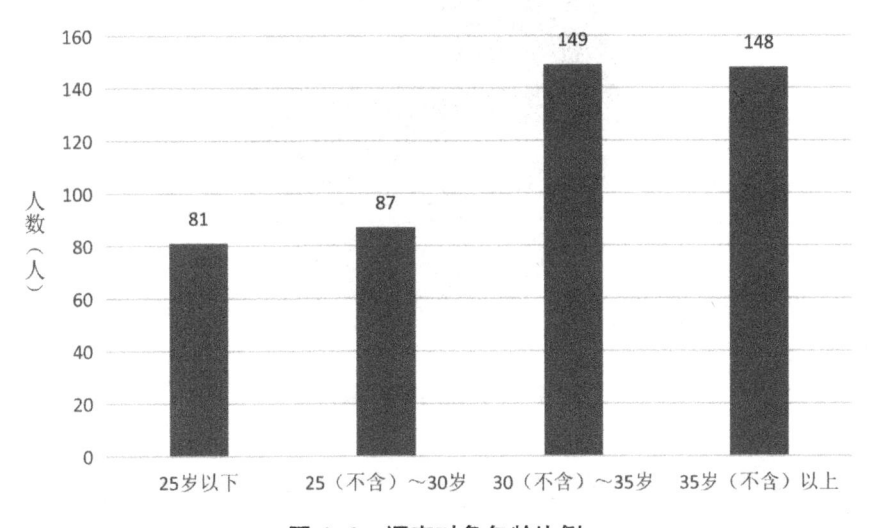

图4-3 调查对象年龄比例

第四，从调查对象工作岗位与大学专业关系来看，39.78%的调查对象工作岗位与大学专业对口，有32.69%的调查对象工作岗位与大学专业相关，有27.53%的调查对象工作岗位与大学专业不对口，如表4-2所示。

表4-2 调查对象工作岗位与大学专业关系

选项	小计	比例
专业对口	185	39.78%
专业相关	152	32.69%
专业不对口	128	27.53%
合计	465	100.00%

第五，从婚姻状况来看，调查对象中已婚的占比 73.98%，共 344 人，单身的占比 26.02%，共 121 人，如图 4-4 所示。

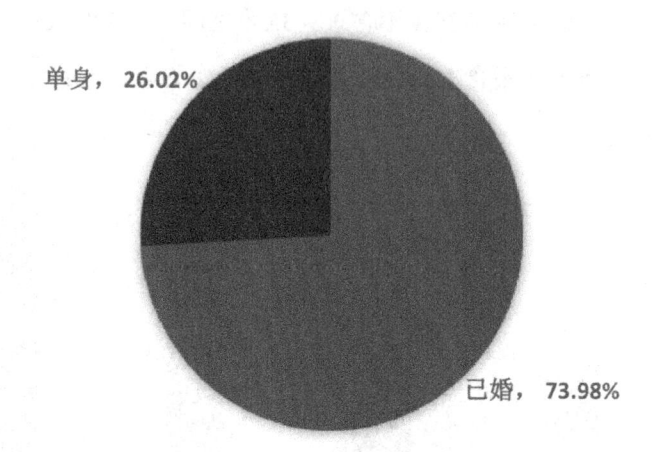

图 4.4　调查对象婚姻状况

第六，从调查对象的收入水平来看，14.19% 的调查对象年收入在 100 万元以上，13.33% 的调查对象年收入为 50 万～100 万元，31.40% 的调查对象年收入为 20 万～50 万元，41.08% 的调查对象年收入为 20 万元以内，如表 4-3 所示。

表 4-3　问卷调查对象年收入分类

选项	小计	比例
100 万元以上	66	14.19%
50 万～100 万元	62	13.33%
20 万～50 万元	146	31.40%
20 万元内	191	41.08%
合计	465	100.00%

第四章 实证分析

第七，问卷调查对象覆盖企业的基层、中层和高层管理人员，其中基层管理人员占比 40.43%，中层管理人员占比 35.48%，高层管理人员占比 24.09%，如表 4-4 所示。

表 4-4　问卷调查角色分类

选项	小计	比例
高层管理人员	112	24.09%
中层管理人员	165	35.48%
基层管理人员	188	40.43%
合计	465	100.00%

第八，从调查对象在目前公司的服务年限来看，29.46% 的调查对象在目前公司的服务年限为 8 年以上，17.85% 的调查对象在目前公司的服务年限为 5~8 年，20.00% 的调查对象在目前公司的服务年限为 3~5 年，18.28% 的调查对象在目前公司的服务年限为 1~3 年，另有 14.41% 的调查对象在目前公司的服务年限为 1 年以内，如表 4-5 所示。

表 4-5　问卷调查对象在目前公司的服务年限状况

选项	小计	比例
8 年以上	137	29.46%
5~8 年	83	17.85%
3~5 年	93	20.00%
1~3 年	85	18.28%
1 年以内	67	14.41%
合计	465	100.00%

第二节

变量描述性统计分析

根据465份有效问卷的数据,对组织能力、职业生涯管理、任职资格管理、易变职业生涯、组织支持感5个变量进行描述性统计分析,包括最小值、最大值、平均值、标准差、峰度、偏度以判断量表数据呈现的分布,统计分析结果如表4-6所示。

表4-6 变量描述性统计分析结果

题项	N 统计	最小值 统计	最大值 统计	平均值 统计	标准差 统计	偏度 统计	偏度 标准误差	峰度 统计	峰度 标准误差
QS1	465	1	5	3.67	1.051	−0.301	0.113	−0.714	0.226
QS2	465	1	5	3.71	1.049	−0.395	0.113	−0.589	0.226
QC1	465	1	5	3.72	1.048	−0.471	0.113	−0.522	0.226
QC2	465	1	5	3.74	1.075	−0.524	0.113	−0.512	0.226
OQ1	465	1	5	3.77	1.067	−0.552	0.113	−0.394	0.226
OQ2	465	1	5	3.80	1.038	−0.606	0.113	−0.184	0.226
OQ3	465	1	5	3.74	1.081	−0.548	0.113	−0.441	0.226
OQ4	465	1	5	3.77	1.062	−0.568	0.113	−0.232	0.226

续表

题项	N	最小值	最大值	平均值	标准差	偏度		峰度	
	统计	统计	统计	统计	统计	统计	标准误差	统计	标准误差
EF1	465	1	5	3.77	1.035	−0.591	0.113	−0.240	0.226
EF2	465	1	5	3.71	1.073	−0.496	0.113	−0.493	0.226
PF1	465	1	5	3.65	1.097	−0.354	0.113	−0.720	0.226
PF2	465	1	5	3.62	1.091	−0.357	0.113	−0.740	0.226
OF1	465	1	5	3.76	1.016	−0.488	0.113	−0.444	0.226
OF2	465	1	5	3.83	1.051	−0.530	0.113	−0.606	0.226
OF3	465	1	5	3.72	1.041	−0.368	0.113	−0.669	0.226
OF4	465	1	5	3.80	0.999	−0.433	0.113	−0.650	0.226
PI1	465	1	5	3.58	1.163	−0.446	0.113	−0.663	0.226
PI2	465	1	5	3.60	1.126	−0.386	0.113	−0.654	0.226
PI3	465	1	5	3.57	1.156	−0.416	0.113	−0.680	0.226
PS1	465	1	5	3.62	1.159	−0.410	0.113	−0.772	0.226
PS2	465	1	5	3.65	1.142	−0.446	0.113	−0.725	0.226
PE1	465	1	5	3.79	1.124	−0.672	0.113	−0.358	0.226
PE2	465	1	5	3.77	1.068	−0.606	0.113	−0.305	0.226
PE3	465	1	5	3.80	1.085	−0.561	0.113	−0.545	0.226
IP1	465	1	5	3.30	1.105	−0.088	0.113	−0.689	0.226
IP2	465	1	5	3.32	1.079	−0.118	0.113	−0.650	0.226
IP3	465	1	5	3.27	1.108	−0.069	0.113	−0.769	0.226
IP4	465	1	5	3.33	1.111	−0.090	0.113	−0.737	0.226
IP5	465	1	5	3.31	1.088	−0.185	0.113	−0.606	0.226
EA1	465	1	5	2.61	1.117	0.300	0.113	−0.600	0.226

续表

题项	N	最小值	最大值	平均值	标准差	偏度		峰度	
	统计	统计	统计	统计	统计	统计	标准误差	统计	标准误差
EA2	465	1	5	2.55	1.123	0.276	0.113	−0.772	0.226
EA3	465	1	5	2.58	1.098	0.284	0.113	−0.662	0.226
POS1	465	1	5	3.70	1.011	−0.383	0.113	−0.574	0.226
POS2	465	1	5	3.73	1.017	−0.499	0.113	−0.298	0.226
POS3	465	1	5	3.67	1.054	−0.428	0.113	−0.469	0.226
POS4	465	1	5	3.72	1.048	−0.426	0.113	−0.604	0.226
POS5	465	1	5	3.66	1.042	−0.426	0.113	−0.596	0.226
POS6	465	1	5	3.62	1.116	−0.410	0.113	−0.646	0.226

根据表中数据可以得知，所有题项的峰度绝对值均小于10，且偏度的绝对值均小于3，这表明数据虽然不完全满足标准正态分布，但没有严重违反正态分布，可以基本接受为正态分布（Kline，2020）。

/ 第三节 /
量表信效度检验

一、信度检验

本书参照前文对量表信效度检验的方法和步骤开展正式量表的信度检验，以确保实证分析数据的可靠性和有效性。信度反映检测结果的内部一致性和稳定性，信度分析是一种度量综合评价体系稳定性和可靠性的有效分析方法。本书的信度分析主要是对量表的内部一致性系数进行检验。最常用的内在信度系数为克隆巴赫 Alpha 系数（Cronbach'α），本书采用 α 系数来检验量表信度。一般来说，α 系数在 0.7 以上，即认为量表具有较高的内在一致性；如果 α 系数为 0.5，即表示可接受信度较低；α 系数为 0.35，即为低信度水平。普遍认为 α 系数达到 0.7 以上，即为理想水平。

使用 SPSS 26.0 软件对各变量进行一致性检验，克隆巴赫 Alpha 系数（Cronbach'α）的计算结果如表 4-7 所示。从表中可以得知，各变量的 α 系数集中在 0.808~0.932 之间，明显大于标准值 0.7，表明变量内部测量题项间的一致性良好，量表具有较好的信度。

表 4-7 量表的信度检验结果

变量	测量题项	删除项后的克隆巴赫 Alpha	克隆巴赫 Alpha	基于标准化项的克隆巴赫 Alpha
职业生涯管理	EF1	0.813	0.821	0.823
	EF2	0.815		
	PF1	0.808		
	PF2	0.812		
	OF1	0.791		
	OF2	0.786		
	OF3	0.792		
	OF4	0.789		
任职资格管理	QS1	0.803	0.808	0.807
	QS2	0.800		
	QC1	0.800		
	QC2	0.802		
	OQ1	0.769		
	OQ2	0.769		
	OQ3	0.771		
	OQ4	0.768		
易变职业生涯	PI1	0.906	0.920	0.920
	PI2	0.911		
	PI3	0.908		
	PS1	0.910		
	PS2	0.914		
	PE1	0.909		
	PE2	0.908		
	PE3	0.911		

续表

变量	测量题项	删除项后的克隆巴赫 Alpha	克隆巴赫 Alpha	基于标准化项的克隆巴赫 Alpha
组织能力	IP1	0.922	0.932	0.932
	IP2	0.922		
	IP3	0.920		
	IP4	0.924		
	IP5	0.923		
	EA1	0.922		
	EA2	0.925		
	EA3	0.925		
组织支持感	POS1	0.908	0.921	0.921
	POS2	0.908		
	POS3	0.907		
	POS4	0.909		
	POS5	0.906		
	POS6	0.904		

二、验证性因子分析

同时，本书使用 AMOS 24.0 软件对正式调研数据进行了验证性因子分析，分别来测度结构效度、收敛效度和区别效度。

运用结构方程模型进行假设的验证，分为直接效应检验和中介效应检验两部分。首先在 AMOS 中建立研究模型，如图 4-5 所示，模型潜变量包括职业生涯管理、任职资格管理、易变职业生涯以及组织能力，每一个潜变量下以与量表中相对应的具体题项作为显变量，构建结构方程模型。

企业组织能力与管理

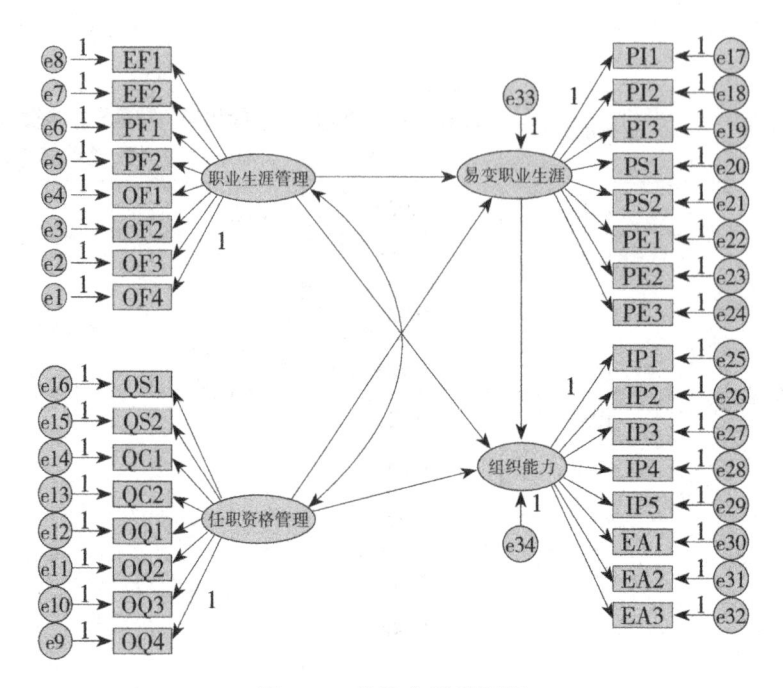

图 4-5 结构方程模型图

1. 结构效度

由表 4-8 可知，模型的拟合指数如下：CMIN/DF=2.772；GFI=0.846；AGFI=0.821；NFI=0.872；TLI=0.906；CFI=0.914；RMSEA=0.062。通过拟合优度指数及其评价标准对比，上述拟合指数均在建议范围之内，因此可以认为这个模型有不错的适配度。

表 4-8 模型拟合结果

拟合指标	指标值	拟合情况
CMIN（卡方值）	1258.520	
DF（自由度）	454	
P（绝对拟合指数）	0.000	

续表

拟合指标	指标值	拟合情况
CMIN/DF	2.772	1~3，拟合较好
GFI（拟合优度指数）	0.846	大于0.8，可接受
AGFI(调整的拟合优度指数)	0.821	大于0.8，可接受
NFI（相对拟合指数）	0.872	大于0.8，可接受
TLI（非正态化拟合指数）	0.906	大于0.9，拟合较好
CFI（比较拟合指数）	0.914	大于0.9，拟合较好
RMSEA（近似误差均方根）	0.062	小于0.8，可接受

2. 收敛效度

组合效度（Composite Reliability，CR）表示构面内部一致性，CR越高表示构面内部一致性越高、越收敛；平均变异数萃取量AVE（Average of Variance Extracted）表示潜在变量对观察变量解释能力的平均作用，AVE越高，收敛效度越高。变量的组合信度测算结果显示（见表4-9），CR值均大于标准值0.7，且集中在0.799~0.932之间，表明量表的内部一致性较好，组合信度通过检验；AVE分布于0.375~0.613之间，在0.36~0.5之间为可接受范围内，表明各个变量具有较好的收敛效度。

表 4-9 变量的组合信度测算结果

潜在变量	观察变量	std.	Unstd.	S.E.	t-value	P	SMC	CR	AVE
职业生涯管理 CM	OF4	0.781	1.000				0.610	0.812	0.382
	OF3	0.794	1.059	0.060	17.786	***	0.630		
	OF2	0.823	1.109	0.060	18.355	***	0.677		
	OF1	0.792	1.030	0.058	17.642	***	0.627		
	PF2	0.364	0.508	0.068	7.487	***	0.132		
	PF1	0.383	0.539	0.068	7.902	***	0.147		
	EF2	0.343	0.471	0.067	7.037	***	0.118		
	EF1	0.338	0.448	0.065	6.921	***	0.114		
任职资格管理 QM	OQ4	0.819	1.000				0.671	0.799	0.375
	OQ3	0.810	1.008	0.052	19.508	***	0.656		
	OQ2	0.815	0.973	0.050	19.604	***	0.664		
	OQ1	0.803	0.985	0.052	18.880	***	0.645		
	QC2	0.290	0.359	0.060	5.978	***	0.084		
	QC1	0.311	0.374	0.058	6.417	***	0.097		
	QS2	0.315	0.379	0.058	6.525	***	0.099		
	QS1	0.293	0.355	0.059	6.037	***	0.086		
易变职业生涯 VC	PI1	0.808	1.000				0.653	0.921	0.592
	PI2	0.752	0.901	0.049	18.353	***	0.566		
	PI3	0.781	0.961	0.050	19.254	***	0.610		
	PS1	0.772	0.953	0.051	18.516	***	0.596		
	PS2	0.723	0.879	0.052	16.970	***	0.523		
	PE1	0.775	0.927	0.050	18.458	***	0.601		
	PE2	0.785	0.893	0.048	18.758	***	0.616		
	PE3	0.755	0.872	0.049	17.748	***	0.570		

续表

潜在变量	观察变量	std.	Unstd.	S.E.	t-value	P	SMC	CR	AVE
组织能力 OS	IP1	0.802	1.000				0.643	0.932	0.631
	IP2	0.809	0.985	0.049	20.035	***	0.654		
	IP3	0.833	1.040	0.050	20.779	***	0.694		
	IP4	0.785	0.983	0.051	19.170	***	0.616		
	IP5	0.795	0.976	0.050	19.546	***	0.632		
	EA1	0.803	1.011	0.052	19.543	***	0.645		
	EA2	0.765	0.969	0.053	18.348	***	0.585		
	EA3	0.760	0.941	0.052	18.177	***	0.578		

注：因变量为 OS；* 表示 $p < 0.05$，** 表示 $p < 0.01$，*** 表示 $p < 0.001$。

3. 区别效度

表格中对角线数据为对应变量 AVE 的平方根。由表 4-10 可知，变量自身相关高于变量与其他变量的相关，其中仅有易变职业生涯存在自身相关略低于其他某一变量的情况，但从整体上来看，4 个变量之间的区别效度较好。

表 4-10　区别效度

	AVE	任职资格管理	职业生涯管理	易变职业生涯	组织能力
任职资格管理	0.382	0.618			
职业生涯管理	0.375	0.230	0.613		
易变职业生涯	0.592	0.530	0.551	0.769	
组织能力	0.631	0.547	0.577	0.833	0.794

三、共同方法偏差检验

为了检验研究是否存在严重的共同方法偏差问题，采用 Harman 因素检验，对问卷所有题项进行未旋转的因子分析（见表 4-11），得到第一个主成分的解释方差为 15.312%，小于临界标准 40%，由此可知本书不存在显著的共同方法偏差。

表 4-11 总解释方差

成分	初始特征值 总计	初始特征值 方差百分比	初始特征值 累积%	提取载荷平方和 总计	提取载荷平方和 方差百分比	提取载荷平方和 累积%	旋转载荷平方和 总计	旋转载荷平方和 方差百分比	旋转载荷平方和 累积%
1	13.706	36.070	36.070	13.706	36.070	36.070	5.819	15.312	15.312
2	3.686	9.699	45.768	3.686	9.699	45.768	4.877	12.834	28.146
3	2.518	6.626	52.394	2.518	6.626	52.394	4.473	11.772	39.917
4	1.835	4.828	57.222	1.835	4.828	57.222	3.225	8.486	48.404
5	1.408	3.706	60.928	1.408	3.706	60.928	3.215	8.460	56.864
6	1.340	3.527	64.455	1.340	3.527	64.455	1.736	4.568	61.431
7	1.183	3.112	67.567	1.183	3.112	67.567	1.732	4.557	65.988
8	1.117	2.939	70.506	1.117	2.939	70.506	1.717	4.518	70.506
9	0.947	2.493	72.999						
10	0.782	2.057	75.056						
…	…	…	…						
37	0.190	0.501	99.534						
38	0.177	0.466	100.000						

注：提取方法为主成分分析法。

/ 第四节 /

组织能力驱动因素的路径分析与假设检验

一、模型路径系数与假设检验结果

在进行结构方程模型检验之前,本书首先使用 SPSS 26.0 软件对变量进行 Person 相关性分析(见表 4-12)。相关性检验结果发现,各变量间具有较高的相关性,表明模型中各变量间的关系假设具有合理性。

表 4-12 相关性分析

		CM	QM	VC	OS	POS
CM	相关系数	1.000	0.371**	0.613**	0.640**	0.228**
	显著性(双尾)		0.000	0.000	0.000	0.000
	N	465	465	465	465	465
QM	相关系数	0.371**	1.000	0.624**	0.652**	0.291**
	显著性(双尾)	0.000		0.000	0.000	0.000
	N	465	465	465	465	465
VC	相关系数	0.613**	0.624**	1.000	0.781**	0.291**
	显著性(双尾)	0.000	0.000		0.000	0.000
	N	465	465	465	465	465

续表

		CM	QM	VC	OS	POS
OS	相关系数	0.640**	0.652**	0.781**	1.000	0.295**
	显著性（双尾）	0.000	0.000	0.000		0.000
	N	465	465	465	465	465
POS	相关系数	0.228**	0.291**	0.291**	0.295**	1.000
	显著性（双尾）	0.000	0.000	0.000	0.000	
	N	465	465	465	465	465

注：因变量为 OS；* 表示 $p < 0.05$，** 表示 $p < 0.01$，*** 表示 $p < 0.001$。

在此基础上，本书基于理论模型的路径假设，在 AMOS 24.0 中绘制了高科技制造企业组织能力影响因素的结构模型（见图 4-6），并基于 465 份样本数据，进行结构模型路径系数的估计和显著性检验，标准化路径系数和假设检验结果如表 4-13、图 4-7 所示。

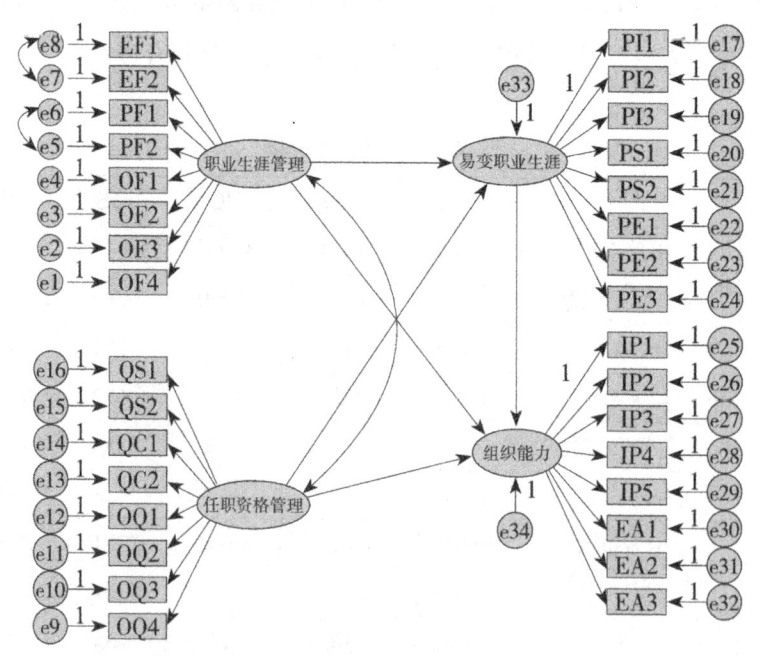

图 4-6　高科技制造企业影响因素结构模型

表 4-13　理论模型的标准化路径系数与假设检验结果

假设路径	Estimate	S.E.	C.R.	P	标准化路径系数	影响方向	结论
H1：职业生涯管理→易变职业生涯	0.546	0.057	9.526	***	0.454	+	支持
H2：职业生涯管理→组织能力	0.208	0.045	4.602	***	0.183	+	支持
H3：任职资格管理→易变职业生涯	0.460	0.05	9.216	***	0.426	+	支持
H4：任职资格管理→组织能力	0.167	0.039	4.263	***	0.163	+	支持
H5：易变职业生涯→组织能力	0.610	0.051	11.876	***	0.645	+	支持

注：因变量为 OS；* 表示 $p < 0.05$，** 表示 $p < 0.01$，*** 表示 $p < 0.001$。

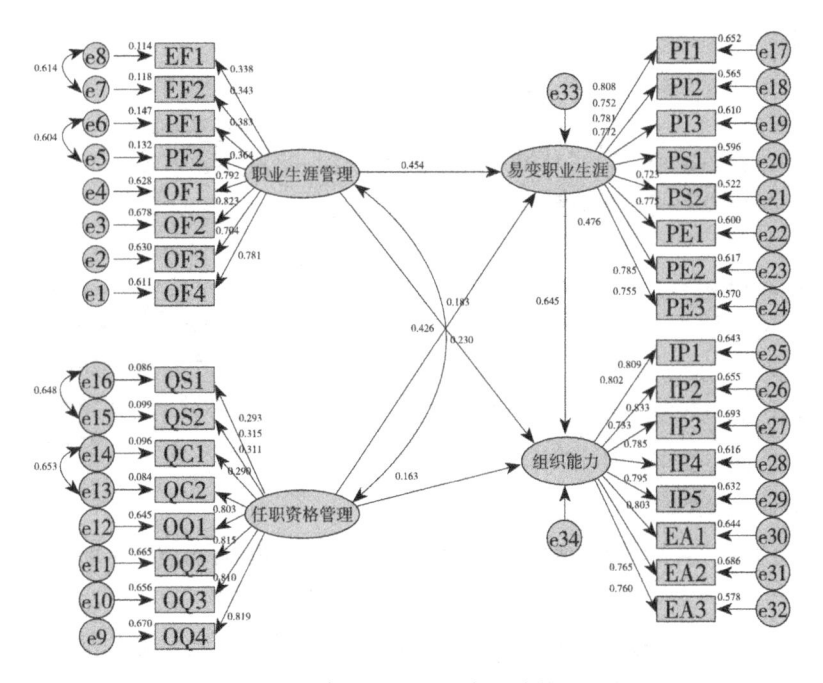

图 4-7　高科技制造企业影响因素结构模型分析结果

假设检验结果显示，假设 H1、H2、H3、H4、H5 均成立。

二、主效应检验

根据上述结果，接下来针对职业生涯管理、任职资格管理、易变职业生涯对组织能力的路径影响进行具体分析。

1. 职业生涯管理对易变职业生涯的直接驱动效应分析

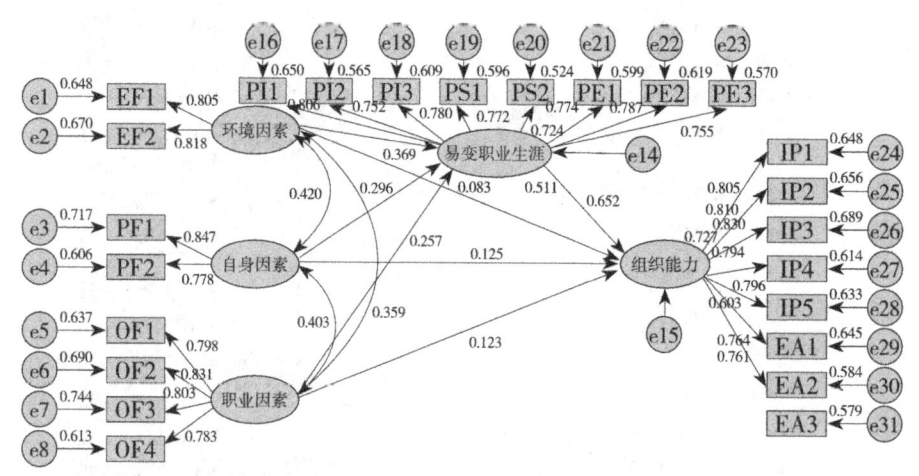

在 AMOS 中建立职业生涯管理三因子、易变职业生涯与组织能力结构方程模型图，如图 4-8 所示。模型潜变量包括环境因素、自身因素、职业因素、易变职业生涯以及组织能力，每一个潜变量下以与量表中相对应的具体题项作为显变量，构建结构方程模型，其中环境因素、自身因素、职业因素是职业生涯管理的 3 个维度。

图 4-8 职业生涯管理三因子、易变职业生涯与组织能力结构方程模型图

首先对模型的拟合情况进行检验，由表 4-14 可知，模型的拟合指数如下：CMIN/DF=2.826；GFI=0.881；AGFI=0.852；NFI=0.911；TLI=0.931；

CFI=0.940；RMSEA=0.063。通过拟合优度指数及其评价标准对比，上述拟合指数均在建议范围之内，因此可以认为这个模型有不错的配适度。

表 4-14 模型拟合结果

拟合指标	指标值	拟合情况
CMIN（卡方值）	683.815	
DF（自由度）	242	
P（绝对拟合指数）	0.000	
CMIN/DF	2.826	1～3，拟合较好
GFI（拟合优度指数）	0.881	大于 0.8，可接受
AGFI（调整的拟合优度指数）	0.852	大于 0.8，可接受
NFI（相对拟合指数）	0.911	大于 0.8，可接受
TLI（非正态化拟合指数）	0.931	大于 0.9，拟合较好
CFI（比较拟合指数）	0.940	大于 0.9，拟合较好
RMSEA（近似误差均方根）	0.063	小于 0.8，可接受

职业生涯管理与易变职业生涯（β=0.454，t=9.526，p<0.001）呈显著正相关，表明职业生涯管理程度越高，易变职业生涯的意识就越强烈。其中环境因素与易变职业生涯（β=0.369，t=6.813，p<0.001）、自身因素与易变职业生涯（β=0.296，t=5.515，p<0.001）、职业因素与易变职业生涯（β=0.257，t=5.392，p<0.001）呈现显著正相关，表明环境因素、自身因素、职业因素越强烈，易变职业生涯就越容易形成并发挥作用，如图 4-8 所示。此外，通过比较发现，环境因素对易变职业生涯的影响更强（0.369＞0.296＞0.257），显著性水平更高。假设 H1、假设 H1a、假设 H1b、假设 H1c 得到验证。

2. 职业生涯管理对组织能力的直接驱动效应分析

职业生涯管理与组织能力（β=0.183，t=4.602，p < 0.001）呈显著正相关，表明职业生涯管理程度越高，组织能力就越强。其中环境因素与组织能力（β=0.083，t=1.909，p < 0.001）、自身因素与组织能力（β=0.125，t=2.885，p < 0.001）、职业因素与组织能力（β=0.123，t=3.215，p < 0.001）呈现显著正相关，表明环境因素、自身因素、职业因素越强烈，组织能力就越容易实现提升（见图4-8）。此外，通过比较发现，自身因素对高科技制造企业组织能力的影响更强（0.125 > 0.123 > 0.083），显著性水平更高。假设H2、假设H2a、假设H2b、假设H2c得到验证。

3. 任职资格管理对易变职业生涯的直接驱动效应分析

在AMOS中建立任职资格管理三因子、易变职业生涯与组织能力结构方程模型图，如图4-9所示。模型潜变量包括任职资格标准、任职资格认证、任职资格体系运作、易变职业生涯以及组织能力，每一个潜变量下以与量表中相对应的具体题项作为显变量，构建结构方程模型，其中任职资格标准、任职资格认证、任职资格体系运作是任职资格管理的3个维度。

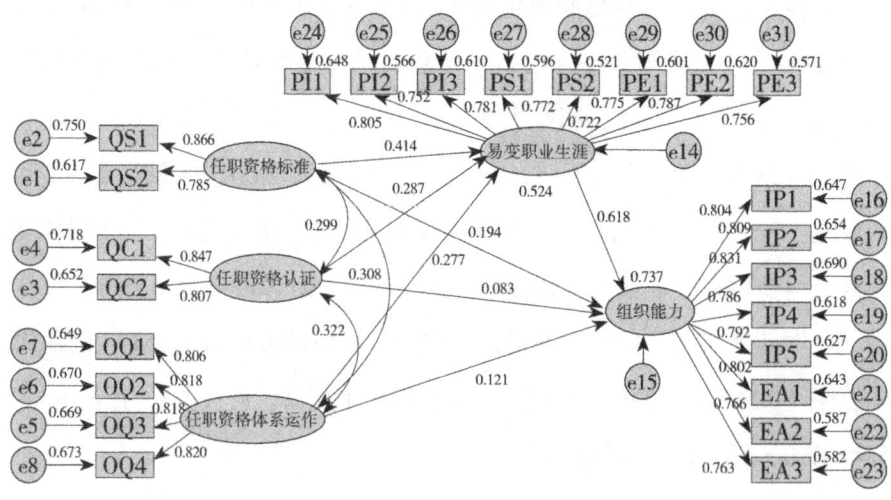

图4-9 任职资格管理三因子、易变职业生涯与组织能力结构方程模型图

首先对模型的拟合情况进行检验,由表4-15可知,模型的拟合指数如下:CMIN/DF=2.783;GFI=0.882;AGFI=0.854;NFI=0.913;TLI=0.934;CFI=0.942;RMSEA=0.062。通过拟合优度指数及其评价标准对比,上述拟合指数均在建议范围之内,因此可以认为这个模型有不错的配适度。

表 4-15 模型拟合结果

拟合指标	指标值	拟合情况
CMIN(卡方值)	673.564	
DF(自由度)	2242	
P(绝对拟合指数)	0.000	
CMIN/DF	2.783	1~3,拟合较好
GFI(拟合优度指数)	0.882	大于0.8,可接受
AGFI(调整的拟合优度指数)	0.854	大于0.8,可接受
NFI(相对拟合指数)	0.913	大于0.8,可接受
TLI(非正态化拟合指数)	0.934	大于0.9,拟合较好
CFI(比较拟合指数)	0.942	大于0.9,拟合较好
RMSEA(近似误差均方根)	0.062	小于0.8,可接受

任职资格管理与易变职业生涯(β=0.426,t=9.216,$p<0.001$)呈显著正相关,表明任职资格管理程度越高,易变职业生涯的意识就越强烈。其中任职资格标准与易变职业生涯(β=0.414,t=8.302,$p<0.001$)、任职资格认证与易变职业生涯(β=0.287,t=6.004,$p<0.001$)、任职资格体系运作与易变职业生涯(β=0.277,t=6.076,$p<0.001$)呈现显著正相关,表明任职资格标准、任职资格认证、任职资格体系运作程度越高,易变职业生涯就越容易形成并发挥作用(见图4-9)。此外,通过比较发现,

任职资格标准对易变职业生涯的影响更强（0.414＞0.287＞0.277），显著性水平更高。假设 H3、假设 H3a、假设 H3b、假设 H3c 得到验证。

4. 任职资格管理对组织能力的直接驱动效应分析

任职资格管理与组织能力（β=0.163，t=4.263，p＜0.001）呈显著正相关，表明任职资格管理程度越高，组织能力就越容易提升。其中任职资格标准与组织能力（β=0.194，t=4.549，p＜0.001）、任职资格认证与组织能力（β=0.083，t2.107=，p＜0.05）、任职资格体系运作与组织能力（β=0.121，t=3.294，p＜0.001）呈现显著正相关，表明任职资格标准、任职资格认证、任职资格体系运作程度越高，组织能力就越容易实现提升（见图4-9）。此外，通过比较发现，任职资格标准对高科技制造企业组织能力的影响更强（0.194＞0.121＞0.083），显著性水平更高。假设 H4、假设 H4a、假设 H4b、假设 H4c 得到验证。

5. 易变职业生涯对组织能力的直接驱动效应分析

在 AMOS 中建立易变职业生涯三因子与组织能力结构方程模型图，如图4-10所示。模型潜变量包括职业认同度、职业社会地位、职业平衡性以及组织能力，每一个潜变量下以与量表中相对应的具体题项作为显变量，构建结构方程模型，其中职业认同度、职业社会地位、职业平衡性是易变职业生涯的3个维度。

首先对模型的拟合情况进行检验，由表4-16可知，模型的拟合指数如下：CMIN/DF=2.181；GFI=0.979；AGFI=0.919；NFI=0.962；TLI=0.974；CFI=0.979；RMSEA=0.050。通过拟合优度指数及其评价标准对比，上述拟合指数均在建议范围之内，因此可以认为这个模型有不错的配适度。

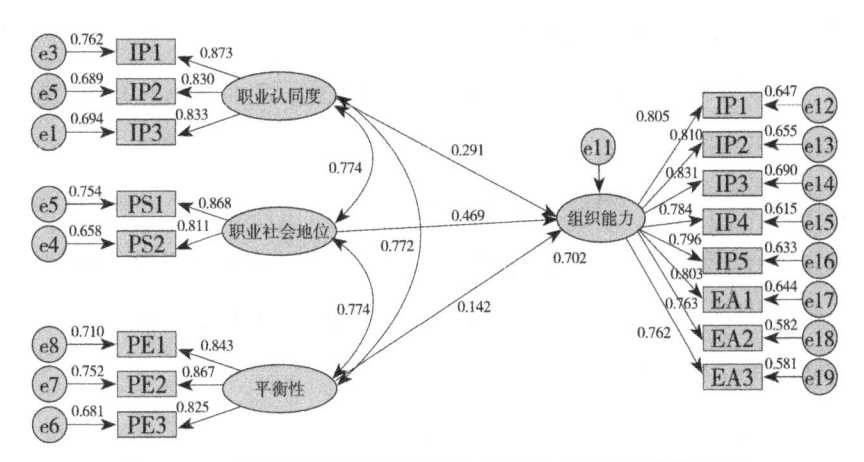

图 4-10 易变职业生涯三因子与组织能力结构方程模型图

表 4-16 模型拟合结果

拟合指标	指标值	拟合情况
CMIN（卡方值）	213.703	
DF（自由度）	98	
P（绝对拟合指数）	0.000	
CMIN/DF	2.181	1~3，拟合较好
GFI（拟合优度指数）	0.942	大于0.9，拟合较好
AGFI(调整的拟合优度指数)	0.919	大于0.9，拟合较好
NFI（相对拟合指数）	0.962	大于0.9，拟合较好
TLI（非正态化拟合指数）	0.974	大于0.9，拟合较好
CFI（比较拟合指数）	0.979	大于0.9，拟合较好
RMSEA（近似误差均方根）	0.050	小于0.8，可接受

易变职业生涯与组织能力（$\beta=0.645$，$t=11.876$，$p<0.001$）呈显著正相关，表明易变职业生涯的程度越高，组织能力就越容易提升。其中职

业认同度与组织能力（$\beta=0.291$，t=11.876，$p<0.001$）、职业社会地位与组织能力（$\beta=0.469$，t=11.876，p= <0.05）、职业平衡性与组织能力（$\beta=0.121$，t=11.876，$p<0.001$）呈现显著正相关，表明职业认同度、职业社会地位、职业平衡性越高，组织能力就越容易实现提升（见图4-10）。此外，通过比较发现，职业社会地位对高科技制造企业组织能力的影响更强（0.469＞0.291＞0.121），显著性水平更高。假设H5、假设H5a、假设H5b、假设H5c得到验证。

三、中介效应检验

为了检验易变职业生涯是否在职业生涯管理与组织能力之间起中介作用，本书使用AMOS 24.0软件进行中介分析显著性检验。借鉴温忠麟、叶宝娟（2014）的中介效应分析方法，本书使用Bootstrap的方法进行中介效应的检验。具体而言，将Bootstrap设定为运行2000次，百分位置信区间设定为95%，偏差矫正置信区间设定为95%，计算得到95%置信区间，如果置信区间的上限和下限之间不包含0，则中介效应显著（温忠麟等，2004；Hayes，2009）。

1. 职业生涯管理对组织能力的中介效用检验

构建中介效应结构方程模型图（见图4-11），易变职业生涯在职业生涯管理与组织能力之间的中介效应检验结果如表4-17、表4-18所示。

第四章 实证分析

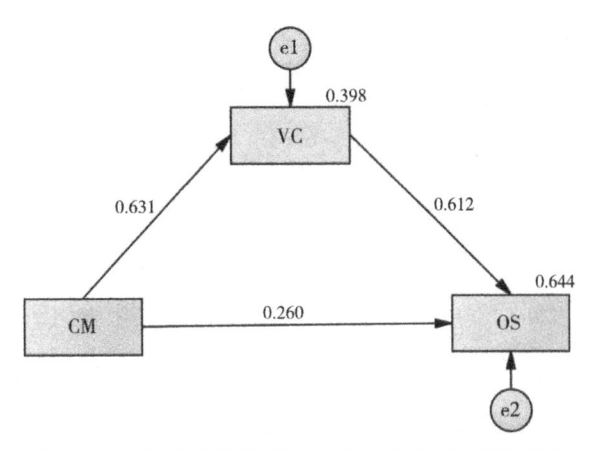

图 4-11 职业生涯管理中介效应结构方程模型图

表 4-17 职业生涯管理结构方程模型 Bootstrap 检验结果

Parameter	Estimate	Lower	Upper	P
ind	0.501	0.430	0.580	0.001
total	0.838	0.758	0.925	0.001
r	0.598	0.519	0.689	0.001

表 4-18 路径系数的标准化估计值

	Estimate	S.E.	C.R.	P	Label
CM → VC	0.631	0.046	17.527	***	a
VC → OS	0.612	0.036	17.135	***	b
CM → OS	0.260	0.046	7.276	***	c

注：因变量为 OS；* 表示 $p < 0.05$，** 表示 $p < 0.01$，*** 表示 $p < 0.001$。

由表 4-17 可见，易变职业生涯在职业生涯管理与组织能力之间的中介检验，中介效应的置信区间为（0.430，0.580），不包含 0，并且总体效应和中介效应均在小于 0.01 的水平上显著，因此易变职业生涯在职业生涯管理与组织能力之间起到中介作用。同时，由表 4-18 可知，职业生涯管理与易变职业生涯（β=0.631，t=17.527，p < 0.001）呈显著正相关、易变职业生涯与组织能力（β=0.612，t=17.135，p < 0.001）呈显著正相关、职业生涯管理与组织能力（β=0.260，t=7.276，p < 0.001）呈显著正相关，表明职业生涯管理可以通过易变职业生涯间接影响组织能力，易变职业生涯在职业生涯管理与组织能力之间起部分中介作用。同时，可以计算得出中介效应占总效应的比值，即易变职业生涯的中介效应占总效应的比值为 0.631×0.612×100% ≈ 38.62%，起到部分中介作用。

因此，假设 H6 得到验证。

2. 任职资格管理对组织能力的中介效用检验

构建中介效应结构方程模型图（见图 4-12），易变职业生涯在任职资格管理与组织能力之间的中介效应检验结果如表 4-19、表 4-20 所示。

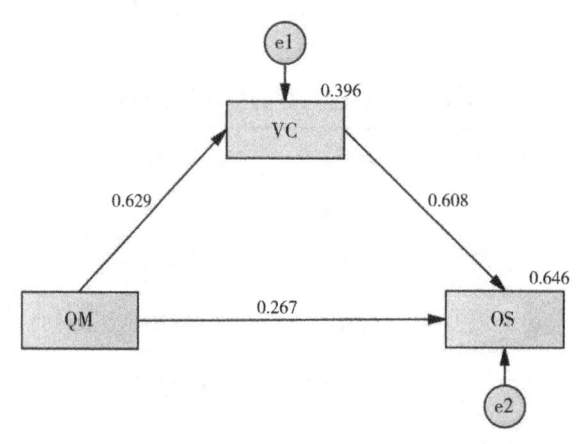

图 4-12　任职资格管理中介效应结构方程模型图

表 4-19 任职资格管理结构方程模型 Bootstrap 检验结果

Parameter	Estimate	Lower	Upper	P
ind	0.503	0.429	0.584	0.001
total	0.853	0.766	0.945	0.001
r	0.589	0.51	0.686	0.001

表 4-20 路径系数的标准化估计值

	Estimate	S.E.	C.R.	P	Label
QM → VC	0.629	0.047	17.436	***	a
VC → OS	0.608	0.036	17.12	***	b
QM → OS	0.267	0.047	7.51	***	c

注：因变量为 OS；* 表示 $p < 0.05$，** 表示 $p < 0.01$，*** 表示 $p < 0.001$。

由表 4-19 可见，易变职业生涯在职业生涯管理与组织能力之间的中介检验，中介效应的置信区间为（0.429，0.584），不包含 0，并且总体效应和中介效应均在小于 0.01 的水平上显著，因此易变职业生涯在任职资格管理与组织能力之间起到中介作用。同时，由表 4-20 可知，任职资格管理与易变职业生涯（β=0.629，t=17.436，$p < 0.001$）呈显著正相关，易变职业生涯与组织能力（β=0.608，t=17.12，$p < 0.001$）呈显著正相关，任职资格管理与组织能力（β=0.267，t=7.51，$p < 0.001$）呈显著正相关，表明任职资格管理可以通过易变职业生涯间接影响组织能力，易变职业生涯在职业生涯管理与组织能力之间起部分中介作用。同时，可以计算得出中介效应占总效应的比值，即易变职业生涯的中介效应占总效应的比值为 $0.629 \times 0.608 \times 100\% \approx 38.24\%$，起到部分中介作用。

因此，假设 H7 得到验证。

/ 第五节 /
组织支持感的调节效应分析及假设检验

一、组织支持感的调节效应假设检验分析

如表 4-21 所示，M1 在易变职业生涯（VC），控制变量学历、性别、年龄、工作岗位与大学专业的关系、婚姻状况、收入水平、公司职位、在目前公司服务的年限，被解释变量组织能力（OS）的基准回归模型基础上引入组织支持感（POS）作为解释变量的回归模型，M2 在 M1 的基础上引入易变职业生涯与组织支持感的交互项（VC*POS）作为解释变量的回归模型。组织支持感调节作用的层次回归结果，如表 4-21 所示。

表 4-21 调节效应分析结果

	M1		M2	
	β	t	β	t
常数		−0.142		−0.531
学历	−0.021	−0.573	−0.036	−0.975
性别	0.021	0.691	0.019	0.656

续表

	M1		M2	
	β	t	β	t
年龄	−0.008	−0.259	−0.015	−0.473
工作岗位与大学专业的关系	−0.023	−0.718	−0.027	−0.851
婚姻状况	−0.015	−0.455	−0.017	−0.528
收入水平	0.015	0.312	0.031	0.654
公司职位	0.047	1.029	0.046	1.026
在目前公司服务的年限	−0.018	−0.496	−0.030	−0.851
VC	0.753	24.28***	0.771	25.051***
POS	0.069	2.218*	0.076	2.480*
VC*POS			0.123	4.150***
R^2	0.610		0.624	
ΔR^2	0.602		0.615	
F	71.072		68.484	

注：因变量为OS；* 表示 $p < 0.05$，** 表示 $p < 0.01$，*** 表示 $p < 0.001$。

在 M1 的回归结果中，易变职业生涯（β=0.753，$p < 0.001$）和组织支持感（β=0.069，$p < 0.01$）对组织能力具有显著预测作用，正向促进组织能力的提升。根据 M2 的回归结果，在引入易变职业生涯与组织支持感的交互项后，易变职业生涯依然对组织能力具有显著预测作用，正向促进组织能力的提升（β=0.771，$p < 0.001$），同时易变职业生涯和组织支持感的交互项也对组织能力具有显著预测作用，正向促进代际收入流动性的提升（β=0.123，$p < 0.001$），ΔR^2=0.615，与易变职业生涯的回归系数符号相同，这表明组织支持感在易变职业生涯对组织能力的作用中发挥正

向调节作用,假设 H8 成立。

二、调节效应图的绘制

由层次回归分析(见表 4-22)可知易变职业生涯与组织支持感的交互项为正且显著($\beta=0.123$,$p<0.001$),说明组织支持感能够增强易变职业生涯对组织能力的正向影响。简单斜率检验分析结果如表 4-22 所示。

表 4-22 简单斜率检验

POS	Effect	se	t	LLCI	ULCI
高(+1SD)	0.883***	0.044	20.224	0.797	0.969
中(SD)	0.775***	0.031	25.353	0.715	0.835
低(-1SD)	0.666***	0.038	17.557	0.592	0.741

注:因变量为 OS;* 表示 $p<0.05$,** 表示 $p<0.01$,*** 表示 $p<0.001$。

为进一步检验调节效应,对于不同水平的组织支持感绘制了交互效应图(见图 4-13)。图中直线斜率反映了易变职业生涯对组织能力影响的大小。其中低组织支持感和高组织支持感分别表示在组织支持感水平上减去一个标准差(SD)和加上一个标准差(SD)。横坐标上低易变职业生涯和高易变职业生涯则表示在易变职业生涯水平上 ±1SD。

简单斜率检验表明,对于低组织支持感来说,随着易变职业生涯的增长,高科技制造企业的组织能力表现出显著的上升趋势;对于高组织支持感来说,随着易变职业生涯的增长,高科技制造企业的组织能力同样表现出显著的上升趋势。在图 4-13 中,两线的交叉趋势显示组织支持感具有显著的正向调节效应,易变职业生涯和组织能力的关系在高政策支持

（β=0.883，p < 0.001）下比低政策支持（β=0.666，p < 0.001）下更强。综上所述，在高组织支持感的情况下，易变职业生涯能够更加有效地促进组织能力的提高，假设 H8 得到验证。

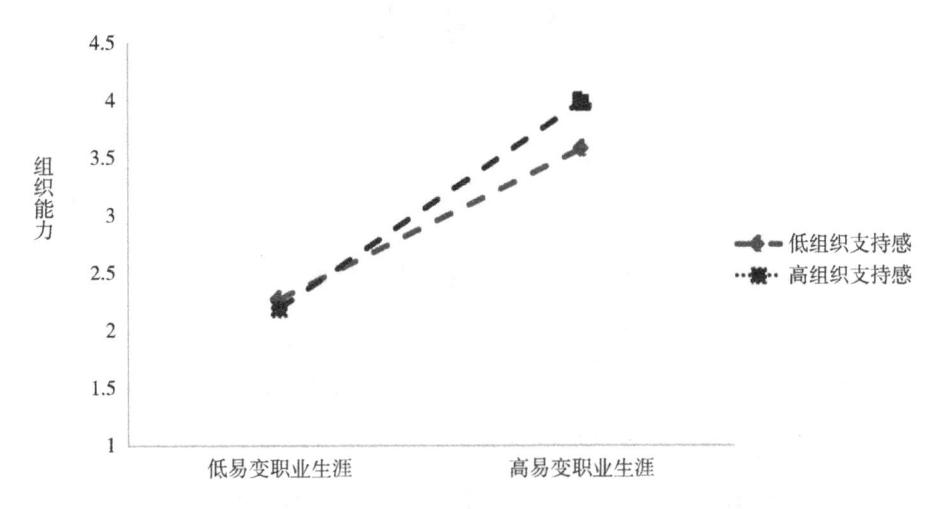

图 4-13 组织支持感在易变职业生涯与组织能力间的调节作用

本章小结

在文献研究阶段，本书对任职资格管理、职业生涯管理、易变职业生涯和组织能力提出了多个假设。通过回归验证可以看出：任职资格管理、职业生涯管理不仅对易变职业生涯影响显著，并且对组织能力有显著影响，同时易变职业生涯在任职资格管理、职业生涯管理对组织能力的影响中起到中介作用，组织支持感在易变职业生涯与组织能力之间起到正向调节作用。本书一共提出了23个假设，皆获得了验证，如表4-23所示。

表4-23 研究假设验证结果汇总

假设编号	假设内容	验证结果
H1	职业生涯管理对易变职业生涯有显著正向影响	成立
H1a	环境因素对易变职业生涯有显著正向影响	成立
H1b	自身因素对易变职业生涯有显著正向影响	成立
H1c	职业因素对易变职业生涯有显著正向影响	成立
H2	职业生涯管理对组织能力有显著正向影响	成立
H2a	环境因素对组织能力有显著正向影响	成立

续表

假设编号	假设内容	验证结果
H2b	自身因素对组织能力有显著正向影响	成立
H2c	职业因素对组织能力有显著正向影响	成立
H3	任职资格管理对易变职业生涯有显著正向影响	成立
H3a	任职资格标准对易变职业生涯有显著正向影响	成立
H3b	任职资格认证对易变职业生涯有显著正向影响	成立
H3c	任职资格体系运作对易变职业生涯有显著正向影响	成立
H4	任职资格管理对组织能力有显著正向影响	成立
H4a	任职资格标准对组织能力有显著正向影响	成立
H4b	任职资格认证对组织能力有显著正向影响	成立
H4c	任职资格体系运作对组织能力有显著正向影响	成立
H5	易变职业生涯对组织能力有显著正向影响	成立
H5a	职业认同度对组织能力有显著正向影响	成立
H5b	职业社会地位对组织能力有显著正向影响	成立
H5c	职业平衡性对组织能力有显著正向影响	成立
H6	易变职业生涯在职业生涯管理和组织能力之间具有中介作用	成立
H7	易变职业生涯在任职资格管理和组织能力之间具有中介作用	成立
H8	组织支持感在易变职业生涯和组织能力之间具有正向调节作用	成立

第五章

案例分析

为进一步佐证本书的假设，本章选用了3个较具典型性的高科技制造企业作为案例企业进行研究。首先对案例企业进行了简要介绍，而后从职业生涯管理、任职资格管理、易变职业生涯、组织能力、组织支持感5个变量角度及其维度对企业的现状进行分析，并对企业在职业生涯管理、任职资格管理、易变职业生涯、组织能力、组织支持感5个方面取得的成效进行剖析，最后比较3家企业所取得的成果。

第一节

神州数码案例分析

本节将神州数码集团股份有限公司（以下简称神州数码）作为案例企业进行研究。首先，对企业的大致情况进行介绍。其次，从职业生涯管理、任职资格管理、易变职业生涯、组织能力、组织支持感5个方面描述企业的现状，其中，职业生涯管理包括环境因素、自身因素和职业因素3个方面，任职资格管理包括任职资格标准、任职资格认证以及任职资格体系运作3个方面，易变职业生涯包括职业认同度、职业社会地位以及职业平衡性3个方面，组织能力包括行业地位和企业氛围两个方面。最后，通过神州数码的相关资料对本书提出的假设进行验证，并对其效果进行分析。

一、企业简介

神州数码成立于2000年，拥有五大业务集团，分别是面向智慧城市的神州数码智慧城市服务集团、面向大行业和农业信息化的神州数码信息服务股份有限公司，以及神州数码集团、供应链服务本部和金融服务集团，在全国50多个城市拥有驻在机构。

神州数码锐意变革，砥砺前行，坚持以全球领先科技和自主创新核心技术赋能产业数字化转型和数字经济发展。在数字化时代下，神州数码致力于成为领先的数字化转型合作伙伴，围绕企业数字化转型的关键要素，开创性地提出"数云融合"战略和技术体系框架，着力在云原生、数字原生、数云融合关键技术以及信创产业上架构产品和服务能力，为处在不同数字化转型阶段的快消零售、汽车、金融、医疗、政企、教育、运营商等行业客户提供泛在的敏捷IT能力和融合的数据驱动能力，构建跨界融合创新的数字业务场景和新业务模式，助力企业级客户建立面向未来的核心能力和竞争优势，全面推动社会的数字化、智能化转型升级。

神州数码获得过诸多荣誉：入选国际数据公司（IDC）发布的《2023年Q3中国应用交付市场跟踪报告》，神州云科应用交付控制器位列市场份额第二；信创产品和业务入选中国信通院高质量数字化转型产品及服务全景图（2023），获得工业和信息化部"2023中国赛宝信创优秀解决方案一等奖"，上榜绿色计算产业联盟"绿色计算最具价值解决方案10强"；在数据安全领域，连续入选安全牛、数说安全、FreeBuf、赛迪等权威网络安全行业图谱；自研产品荣获"CSA 2023安全创新奖"；某大型跨国车企大数据测试平台项目入选中国信息协会《2023中国数字化转型优秀方案集》。

总之，神州数码是一家在IT服务、云计算、数字化转型、智慧城市建设等多个领域具有强大竞争力和广泛影响力的公司，并在持续提升数字化治理能力和数字化思维，推动"数字中国"建设。

二、企业现状

为了便于研究中国高科技制造企业及其研发体系员工的职业生涯管

理、任职资格管理、易变职业生涯、组织能力与组织支持感之间的关系，本节从职业生涯管理、任职资格管理、易变职业生涯、组织能力与组织支持感 5 个方面来描述神州数码的现状。

1. 职业生涯管理

神州数码非常重视研发人员的职业生涯管理，其环境、自身、职业 3 个要素皆有利于公司进行高效、便捷的职业生涯管理，因而对神州数码的职业生涯管理的现状描述主要从这 3 个方面展开。

第一，环境因素。员工所处的环境对其职业生涯规划与管理具有一定的影响作用，同事的态度、年龄、岗位等都在潜移默化地影响员工个体的职业生涯选择与规划。从整体员工结构来看，神州数码的男女比例为 8∶5，较之 2022 年，2023 年女员工增长 10.7%。截至 2023 年 12 月 31 日，神州数码拥有员工共 6174 名，其中技术岗人员 2617 人，占公司总人数的 42%，在过去 3 年内，技术人员增长率达到 76%。在员工结构层面，25 岁以下员工占到 7%，25～35 岁（不含）员工占 50%，35～45 岁员工占 33%，45 岁以上占 10%（见图 5-1）。由此可见，神州数码研发人员所占比重较高，且呈现持续增长的趋势，整体呈现年轻化趋势，35 岁以下员工超五成。因此，神州数码研发体系人员处于良好的研发环境与氛围之中，员工之间更多地交流与讨论自身的职业生涯管理，有助于提升研发人员本身对职业生涯规划的重视度，从而促进企业职业生涯管理的便捷度与开展度。

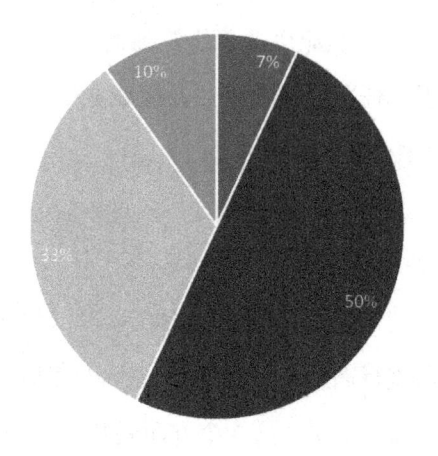

■ 25岁以下 ■ 25～35岁（不含） ■ 35～45岁 ■ 45岁以上

图 5-1 神州数码员工年龄结构

第二，自身因素。员工自身的学历、经验、个人职业兴趣和个人职业期望等因素也是帮助企业更好地进行员工职业生涯管理的重要因素。由于神州数码的技术研发人员占比较大，因此其学历结构也呈现出整体高学历的趋势（见图 5-2、图 5-3）。具体而言，神州数码拥有博士研究生及以上共 6 人，硕士研究生共 450 人，本科生 4763 人，本科以下共 955 人；从研发人员情况来看，本科层次研发人员共 1002 人，较上年增长 65.35%，硕士层次研发人员共 121 人，较上年增长 10%，博士层次研发人员共 6 人，较上年增长 50%，本科及以下共 66 人，较上年下降 7.04%。拥有高比例研发人员的神州数码，会更容易激发本公司内技术研发人员的职业兴趣与职业期望。与此同时，神州数码研发人员具备高学历的占比较大，也有助于神州数码开展职业生涯管理。

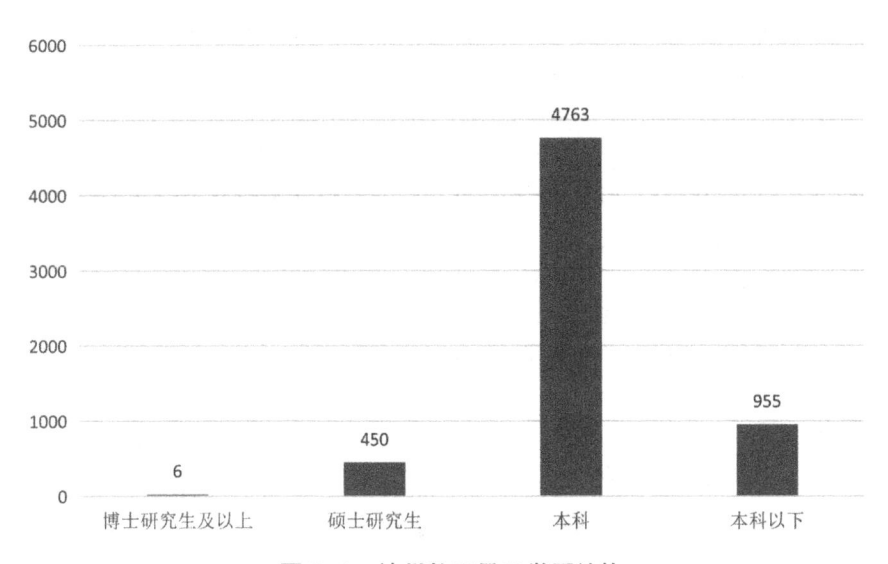

图 5-2　神州数码员工学历结构

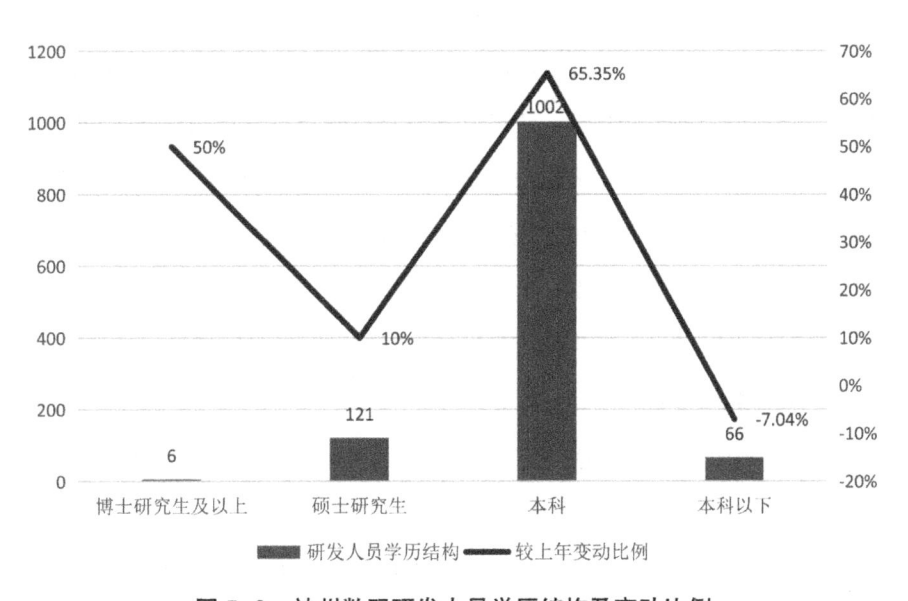

图 5-3　神州数码研发人员学历结构及变动比例

第三，职业因素。员工职业在社会上的影响力有助于企业进行职业生涯管理，也有助于员工对自身职业生涯进行规划与管理。2023年，神州数码设置了神州数码集团金马奖，旨在奖励过去3年在成就客户、核心渠道工作上持续创造价值，对公司战略转型和市值提升做出突出贡献的个人。通过自荐、部门海选、集团现场决赛、专业评审团和现场观众共同投票一系列公开透明的评选方式，选出身边的榜样，最终6位优秀的精英共同捧得金马奖杯，瓜分百万奖金。由此充分调动了神州数码每一位员工的参与积极性，提高了该职业的赞同度，并且在一定程度上提升了其在社会上的影响力。

同时，神州数码在数云原力大会暨2023TECH第五届数字中国技术年会上，正式对外宣布"2035实验室"成立，并启动"2035实验室计划"。"2035实验室"聚焦于未来5~10年可能成为数字时代根技术的底层关键技术方向，推动前沿技术的突破和产品孵化，希望构建一个面向未来的技术创新开放性平台，以"技术产品化＋孵化器"的形态，关注通用核心关键技术，构建相应技术生态。神州数码不断突破自身，通过建设"2035实验室"等诸多提升自身技术能力的措施，提高研发人员职业本身的发展路径完备程度，也在一定程度上提高了科研人员自身的职业生涯管理意识，有助于公司的职业生涯管理。

2. 任职资格管理

对神州数码的任职资格管理的现状描述主要从任职资格标准、任职资格认证和任职资格体系运作3个方面展开。

第一，任职资格标准。企业的职业发展通道为员工明确了岗位具体的任职资格标准。神州数码搭建了完整的职位职级体系，梳理任职资格标准，为员工提供了管理通道和专业通道"双通道"发展路径，鼓励员工不断提升专业能力；此外，还通过活水计划、敏捷小组、挂职锻炼和轮岗等机制，鼓励员工在组织内部自由流动，把握机会，快速成长，创造更大的价值。

第二，任职资格认证。任职资格认证为任职资格标准提供了具体准确的行为载体。神州数码明确梳理其任职资格标准，而后将标准具体运用在研发人员的日常工作之中，深入贯彻并落实。高潜人才通过公司全方位的培训和业务实战的反复历练，很快便可崭露头角，成为各项业务的骨干力量，是公司长远发展的生力军。

一方面，神州数码开展了卓越面试官计划，将任职资格标准融入培训内容，培养优秀的人才选拔官，进而优化公司整体人才团队。神州数码以培养专业的人才选拔队伍、建立系统化的面试官认证及管理体系为目标，2022年正式启动卓越面试官计划，通过1年多的迭代更新，2023年继续输出面试官资格认证视频学习课程，辅以面试官手册、结构化面试题库、常用招聘Tips、五大招聘情景剧等学习资料，参加认证的面试官的面试满意度整体明显提升，为公司提升人员选拔能力打下了良好的基础。

另一方面，神州数码建立了完善的培训计划，根据任职资格标准划分不同层级、不同岗位的员工，有针对性地在文化力、领导力、专业力3个方面进行培训与管理（见图5-4）。具体而言，神州数码以《数字化的力量》和《时间的力量》两部著作为指导，组织赋能及人才培养工作更加聚焦，针对不同层级不同岗位的员工开展企业文化、数字化和领导力、业务知识、专业技能等内容的培训。在文化力培养层面，数字化和时间管理成为统一语言，培养文化讲师，树立文化榜样，不断深化员工对企业文化的理解、认同和感知；在领导力培养层面，致力于关键人才培养持续发力，不断聚焦战略方向，提升班子的数字化思维及领导力，同时以青干班和青年沙龙培养项目为抓手，提升青年干部的格局和站位，帮助他们从集团角度理解战略、推动业务、高效协同；在专业力培养层面，致力于专业人才

企业组织能力与管理

培养保障供给，重点聚焦集团战略方向和业务痛点，围绕关键能力和关键岗位开展数字化主题、技术主题、营销主题和运营主题等专业人才培养项目。

```
                    成为学习型组织的赋能者
              聚焦战略  共识文化  打造组织能力
              总结经验  传递智慧  打造人才队伍

   [战略导向]          [敏捷迭代]          [学以致用]

    文化力              领导力              专业力
  战略解读及品牌内涵   高级领导力研修      产品岗位培训体系
  价值观与行为标准     管理岗位资格认证培训 技术岗位培训体系
  核心业务与经营理念   青年后备干部培养    营销岗位培训体系
  管理方法与工具       基础管理技能培养    职能岗位培训体系

 运营支撑|学习平台：享学中心  管理机制：知识管理、讲师管理、学员管理
 文化根基|数字化的力量 时间的力量 数字中国 成为领先的数字化合作伙伴 成就客户 创造价值 追求卓越 开放共赢
```

图 5-4　神州数码的培训体系

第三，任职资格体系运作。任职资格体系运作是企业任职资格以及人力资源管理的具体落实与宣传贯彻，为企业的任职资格管理提供了成果检验。神州数码将其确立的任职资格标准运用到人才的招聘中，并且在人才招聘的过程中积极宣扬其任职资格及晋升渠道等。神州数码通过多元化的招聘渠道广纳人才，坚持公平、公正的雇佣原则，在全球范围内招募优秀人才，将平等、非歧视的用工理念融入招聘、入职、晋升、离职等环节，

反对任何形式的用工歧视，为不同性别、年龄、种族、民族、宗教信仰或家庭状况的员工提供包容、公平的发展和晋升机会。面向潜在人才，神州数码不断加大在招聘渠道及视频号、公众号、神码头条等内外部平台的宣传推广，并长期组织校园技术大赛，为广大高校学子提供知识与创意交锋的赛道，汇聚高校人才，推广开源理念，打通象牙塔与真实行业之间的壁垒，促进产、学、研同步发展。2023年，走进清华大学、北京大学、人民大学、武汉大学等双一流院校，组织了近百场校园活动。在促进学生就业的基础上，神州数码还尝试与高校共建实训基地、共建课程等。

3. 易变职业生涯

对神州数码的易变职业生涯的现状描述主要从职业认同度、职业社会地位、职业平衡性3个方面展开。

第一，职业认同度。研发人员对自身职业的认可程度以及自豪感等是衡量其易变职业生涯的重要因素，研发人员对自身职业越认同，其职业生涯的易变性就越强，具备更强的创新力与灵活性。神州数码通过全面的激励机制（包括绩效激励和长效激励），增强其研发人员工作的获得感，进而提升其对自身工作的认同度。

在绩效激励方面，神州数码在每年年初以公司价值目标和战略为导向分解责任和任务至每一名员工，包括逐层岗位职责的分解，以及对当年的重点任务及任务目标的分解。年度末根据个人自评和直属主管评分综合评议个人绩效等级（包括A、B+、B、C、D共5个等级），员工可通过绩效系统提交自评结果，上级进行复评。同时，每年定期公开、公正地开展绩效考核，并且将绩效考核融入晋升岗位工作中，以有效识别优秀人才，实现精准激励。

在长效激励方面，神州数码紧密绑定优秀员工与公司中长期发展战略目标，实现公司和员工利益的一致性，吸引和保留优秀管理人才与核心干部，提升员工凝聚力和公司竞争力。2023年落地新一期期权激励计划，覆盖人员425名，以不断完善全面薪酬体系，优化薪酬分配体系，激励、保留公司的关键人才，进一步激发员工的积极性和创造性，确保公司中长期战略目标的实现。同时为员工设置多种内部奖项，如金鼎奖、金帆奖、金马奖、金牛奖等，从精神和物质双重维度激励员工，促进员工长期留任发展。

与此同时，神州数码在日常运营中尊重和保障每位员工的合法权益，全方位地为员工提供保障，增强员工对自身工作的认可。一是遵循《中华人民共和国劳动合同法》和地方性法规，平等对待每位员工；二是提倡劳逸结合，不鼓励加班，不以工作时长、加班情况来衡量员工的绩效，以保障员工正常工作和休息休假的权利；三是尊重每位员工的职业选择，严格按照法律法规处理员工的离职问题，了解员工的离职原因，倾听反馈与建议。

第二，职业社会地位。职业社会地位越高，员工在社会上受尊重的程度越高，周围亲友的认同程度也越高，越容易影响其易变职业生涯。神州数码通过完备的薪酬激励体系，激发研发人员的自我管理性和自我进步能力。神州数码坚持以价值贡献为导向，建立公平、公正，规则透明的薪酬激励体系，为员工提供有竞争力的薪酬激励，以及餐补、通信补贴、自备机补贴等在内的各项补贴。同时，神州数码根据组织战略、岗位职责、员工价值贡献以及市场薪酬水平制定薪酬政策，为各类人才提供具有外部竞争力及内部公平性的薪酬待遇。此外，为激发员工的积极性和创造性，建立以价值为核心、以增量价值贡献为导向的激励机制，推行全岗位价值量化薪酬，鼓励多劳多得，让大多数员工能够实现自我管理、自我激励。神州数码根据不同的业务特点，建立多元化的激励机制，共同分享公司发展

第五章 案例分析

所带来的收益。

与此同时，神州数码紧抓数字化转型新机遇，开启全球化新布局，加速实现数字化转型赋能，在不断发展的同时，也为公司内部研发人员提供了更为广阔的发展前景和机会，提高其认可度和社会地位。在 2024 年开年之际，神州数码勾画战略布局新篇章，开启立足"深圳湾超级总部基地"，深耕深圳创新沃土的新里程，汇聚各方力量，为深圳湾发展再注活力，加速推动全球数字化转型和开放创新。同时，借助深圳大湾区独特的区位优势，神州数码深度布局打造神州数码国际创新中心，以"中国场景＋全球领先技术"孵化原始创新，赋能产业数字化转型和数字经济发展，构建全球产业链中不可或缺的创新力量。神州数码国际业务总部、"2035 实验室"正式入驻神州数码国际创新中心（IIC），人工智能计算中心项目同期启动，并携手深圳多家院所、机构以及全球伙伴举办系列战略签约仪式。作为神州数码科技创新的重要载体，"2035 实验室"瞄准未来 5～10 年关键根技术的研究方向，推动前沿技术的突破和产品孵化。

第三，职业平衡性。员工实现工作与生活的平衡程度越高、工作为员工带来的幸福感越高，其对职业生涯的了解意愿也就越积极，更易形成易变职业生涯。神州数码为员工提供涵盖健康、生活、财务保障等多维度的福利与关怀，致力于提高员工的工作幸福感，平衡其工作与生活之间的关系。通过将正向行为与员工积分挂钩，基于岗位、行为、奖励等情况，每位员工都可以获得员工积分，积分商城提供包括学习提升、健康关怀等在内的不同礼品，员工可以使用积分随时兑换。内购商城定期上线内购价商品，让员工可以以折扣价购买最新款 IC 产品及各类商品。同时，神州数码还为员工提供包括健身房等在内的各项配套设施，并组织丰富多彩的趣味运动会、足球赛、篮球赛等，让员工在工作的同时可以更好地保障身心健康。

4. 组织能力

对神州数码的组织能力的现状描述主要从行业地位和企业氛围两个方面展开。

第一，行业地位。神州数码始终坚持以全球领先科技和自主创新核心技术赋能产业数字化转型和数字经济发展，三大核心业务齐头并进，保持其稳定的市场地位，展现其前瞻性的布局和深入探索，获得了行业的高度认可。

从业务范围上来看，神州数码的云计算业务对其数字业务的发展起到了至关重要的作用，"数云融合"技术框架体系为处在不同数字化转型阶段的快消、零售、汽车、金融、医疗、政企、教育、运营商等行业客户提供泛在的敏捷IT能力和融合的数据驱动能力，构建跨界融合创新的数字业务场景和新业务模式，在数字化赋能方面已取得卓越成果；信创产业为其数字化转型提供了重要的推动力量，神州数码在信创领域进行了前瞻布局和深入探索，并获得多项殊荣，在《互联网周刊》发布的2023信创产业分类排行中，公司位居"2023信创服务器企业排行""2023信创PC整机企业排行""2023信创云厂商排行"等多个榜单前列；在IT领域，神州数码是中国IT生态的核心参与者，始终致力于促进先进技术在企业的系统化应用，2023年第四季度，神州数码推出了一站式大模型集成和运营平台——神州问学，为企业提供模型、算力、数据和应用的连接能力，从模型、数据、算力、应用4个角度打通各项资源，协助企业投产和运营自己的大模型应用。在极新AIGC行业峰会发布的"AIGC赋能行业创新引领者"榜单中，神州数码凭借神州问学产品赋能医药行业的典型实践，成功上榜"AIGC赋能医疗创新引领者TOP20"。

第二，企业氛围。神州数码非常注重公司内部氛围的建设，而员工所感受到的人际关系、组织氛围等，在很大程度上也反映了企业的组织能力。

首先是打造廉洁文化氛围，致力于建造良好的营商环境。在各类商业活动中，神州数码始终秉承高度的正直和诚信，遵守法律法规和道德规范，力求与上下游伙伴共同努力，打造公平健康的营商环境和阳光诚信的合作生态。同时，神州数码坚持建设廉洁诚信文化，持续高压反腐，把反腐倡廉列为公司重点工作，自上而下形成高压反腐态势，不断完善制度规范建设，发布了《内部审计制度》《神州数码廉洁从业管理办法》等一系列与反腐倡廉相关的制度规范，公司所有员工入职即签署合规承诺书，承诺遵守法律、职业道德和业务规范，承诺防范商业贿赂、职务侵占、商业欺诈，远离一切不正当、不诚信的业务行为。神州数码持续宣传廉洁诚信文化，强化审计监察机制，形成了系统的反腐倡廉保障体系。

其次是塑造专业能力氛围，培养各类专业人才。神州数码注重年轻人的培养，不断探索科学的青年人才识别、评估、发展体系，以及促进青年人才发展、晋升的机制，不断培养年轻、有战斗力的青年干部梯队。神州数码持续开展了以青干班、青年沙龙和英才班为代表的青年后备干部培养项目，以项目实战、挂职锻炼、标杆参访和高管座谈会等形式，为优秀的青年人才提供了成长快车道，让年轻人在持续突破中拥有更多的获得感。神州数码也非常注重数字化人才的培养，围绕数字化领导力、数字化专业力和数字化应用力，开展了多次数字化专题培训，不仅帮助员工提高数字化认知，建立数字化思维，掌握数字化工具，还推动了员工对自身业务和管理场景中数字化创新的思考。

最后是形成员工互助氛围，打造良好的人际关系。神州数码创立了员工互助基金，采取入会自愿、退会自由的原则，秉持平时注入一滴水、难时拥有互助情的互助精神，进一步解决员工突发性的重大疾病及意外伤害困难。截至 2023 年 12 月 31 日，神州数码的员工互助基金参与人数共

4849人，理赔金额达19.98万元，救助员工共6例。

5. 组织支持感

组织支持感为公司员工提供了工作与思维创新的重要基石和基本保障，激励研发人员实现更多的技术创新。对神州数码的组织支持感的现状描述主要从沟通交流和培训体系两个方面展开。

一方面，神州数码定期与技术研发人员进行沟通交流，了解研发人员的意愿与需求，并提供相应的支持。具体而言，神州数码对入职满半年以上的所有员工进行年度考核，针对不同管理类别、不同职级员工的年度绩效考核覆盖率达到100%，进而根据个人意愿、职业成长需求与年度绩效考核结果，制定个人发展计划，并与薪酬挂钩。神州数码持续完善内部晋升、内部竞聘、活水计划等机制，加速员工成长。

另一方面，神州数码通过有针对性的培训，提升研发人员的专业能力，进而支持员工的职业发展与晋升。依据不同层次、不同岗位的能力画像，建立了以文化力、领导力和专业力为主的培训体系。以E-learning系统——享学中心为依托，以知识管理、讲师管理和学员管理的机制为保障，提高培训效率和培养效果。此外，公司文化的刷新，也为人才培养与发展提供了指导思想和文化根基。

三、假设验证

本节根据神州数码的实际情况，进一步验证中国高科技制造企业职业生涯管理、任职资格管理、易变职业生涯、组织能力与组织支持感之间的关系。

第五章　案例分析

1. 职业生涯管理、任职资格管理与易变职业生涯

本书提出的关于职业生涯管理、任职资格管理、易变职业生涯的假设包括职业生涯管理对易变职业生涯具有显著的正向影响，任职资格管理对易变职业生涯具有显著的正向影响。其中，在职业生涯层面，环境因素对易变职业生涯具有显著的正向影响、自身因素对易变职业生涯具有显著的正向影响、职业因素对易变职业生涯具有显著的正向影响。在任职资格管理层面，任职资格标准对易变职业生涯具有显著的正向影响、任职资格认证对易变职业生涯具有显著的正向影响、任职资格体系运作对易变职业生涯具有显著的正向影响。

第一，职业生涯管理对易变职业生涯具有显著的正向影响。职业生涯管理的环境因素、自身因素和职业因素是企业员工进行职业生涯规划的重要影响因素，较好的职业生涯管理有利于员工对自身职业生涯规划保持一个清晰的认知，促进员工进行职业生涯规划和调整。神州数码的员工结构、学历结构以及"2035实验室"建设等，为技术研发人员提供了良好的氛围与环境，同事更多地给予理解并对职业发展进行探讨，有助于研发人员在职业生涯规划上广泛听取意见和经验，拓宽思路，进而形成易变职业生涯，实现创新性发展。

第二，任职资格管理对易变职业生涯具有显著的正向影响。神州数码以多元化渠道广泛招聘人才的同时，将任职资格管理融入其中，但它并不是刻板地遵循任职资格标准的条条框框，而是与高校展开合作，如共建实训基地、共建课程等，抑或是组织校园技术大赛，打破象牙塔与真实行业之间的壁垒，从而使得招聘到的人才更具灵活性，在职业生涯规划与管理层面上也更有规划，更具有灵活调整、快速接受新事物的思维。

2. 职业生涯管理、任职资格管理与组织能力

本书提出的关于职业生涯管理、任职资格管理、组织能力的假设包括职业生涯管理对组织能力具有显著的正向影响，任职资格管理对组织能力具有显著的正向影响。其中，在职业生涯层面，环境因素对组织能力具有显著的正向影响、自身因素对组织能力具有显著的正向影响、职业因素对组织能力具有显著的正向影响。在任职资格管理层面，任职资格标准对组织能力具有显著的正向影响、任职资格认证对组织能力具有显著的正向影响、任职资格体系运作对组织能力有显著的正向影响。

第一，职业生涯管理对组织能力具有显著的正向影响。神州数码注重研发人员的职业生涯管理以及公司内部的职业生涯管理能力，不仅推动了研发人员与周围同事之间专业交流、人际交往的氛围提升，还专注于公司自身的发展，通过公司实力的提升来获取更多的社会认同，从而提升员工及其亲友对职业的认可程度。具体而言，神州数码从环境、自身、职业3个层面提升研发人员对职业生涯规划的重视，提高研发人员对自身工作的兴趣与热爱，使得研发人员更积极主动地投入工作之中，并增强职业的社会影响力，进而提升企业整体实力和行业地位，为组织能力的提升奠定基础。

第二，任职资格管理对组织能力具有显著的正向影响。神州数码建立了完备的任职资格标准体系和任职资格管理方式，根据任职资格标准搭建了完整的职位职级体系，提供"双通道"发展路径，并且建立了多层次的培训计划，提升不同层级员工的专业能力，打造高水平的研发团队，进而提供更加优质的产品和服务，从整体上提升行业地位以及组织能力。与此同时，专业的培训计划与体系、优秀的人才选拔官等，都将大大地塑造公司内部良好的专业氛围，同样对组织能力的提升起到重要作用。而在任职资格体系运作方面，神州数码不仅通过多元化途径招聘优秀人才，而且始

终坚持公平、公正的雇佣原则,在入职、晋升、离职等环节都秉持着平等、非歧视的用工理念,提供包容开放、公平公正的发展环境和晋升机会,使任职资格标准得到切实的应用,增强了员工对组织选人用人的信任度,形成公平竞争的友好氛围,进而提升组织的团队力量,打造核心竞争力。

3. 易变职业生涯与组织能力

由前文所述,易变职业生涯对组织能力具有显著的正向影响,其中,职业认同度对组织能力具有显著的正向影响、职业社会地位对组织能力具有显著的正向影响、职业平衡性对组织能力有显著的正向影响。这些假设在神州数码中也得到精准的验证。

神州数码通过短期和长期激励机制,不仅为员工提供了与预期绩效相匹配的激励,而且将优秀研发人员与公司的中长期发展战略目标紧密绑定,吸引并留住公司优秀的研发人员,提升员工的凝聚力,提高研发人员的职业认同度。同时,神州数码建立了公平、公正,规则透明的薪酬激励体系,并提倡多劳多得的原则,切实为研发人员提供有竞争力的薪酬和福利,使得研发人员的亲友更加认可其工作,进而提升其在社会上的受尊重程度和职业社会地位。此外,神州数码为员工提供多维度的福利与关怀,如设置积分商城、内购商城、搭建配套设施、组织员工活动等,提高研发人员的工作幸福感,提高生活与工作之间的平衡性。神州数码从职业认同度、职业社会地位、职业平衡性3个方面,在提高研发人员对公司忠诚度的同时,也塑造了他们自身的灵活性和创造力,为提升组织能力起到了积极的推动力量。

4. 易变职业生涯的中介作用

本书对易变职业生涯的中介作用做出的假设包括易变职业生涯在职业生涯管理与组织能力之间具有中介作用、易变职业生涯在任职资格管理与组织能力之间具有中介作用。

首先，易变职业生涯在职业生涯管理与组织能力之间具有中介作用。神州数码优化其员工年龄结构、学历结构，为研发人员提供环境的支持、职业发展路径的完善以及自身动力的塑造，设置神州数码集团金马奖奖励做出突出贡献的个人，建设"2035实验室"，完善研发人员职业路径，使得研发人员越来越注重对自身的职业生涯管理，也使公司的职业生涯管理工作更加顺畅，进而提高研发人员的职业生涯规划能力，有意识地探寻适合自身的职业生涯规划，形成良好的组织氛围，进而为公司创造更多的价值，提升组织能力。

其次，易变职业生涯在任职资格管理与组织能力之间具有中介作用。神州数码通过梳理任职资格标准，为员工提供了完整的职业发展通道，同时还采取活水计划、敏捷小组、挂职锻炼和轮岗等灵活机制，致力于提高员工自身综合能力。对此，神州数码还建立了完善的培训计划，从文化力、领导力、专业力3个层面来培养不同层级的员工，响应了公司所设立的任职资格标准。与此同时，神州数码将任职资格标准应用到人才招聘、入职等方面，并广泛招聘人才。神州数码通过任职资格管理，不断提升研发人员对任职资格标准的认可，并积极参与到任职资格体系运作之中，积极调整职业生涯规划，以适应自身和组织的长期发展，进而提升组织整体实力。

5. 组织支持感的调节作用

由前文所述，组织支持感对易变职业生涯与组织能力之间的关系具有正向调节作用。一方面，神州数码积极地与研发人员进行沟通交流，根据其个人意愿、职业成长需求、绩效考核结果等内容，制定研发人员的个人发展计划，帮助研发人员积极思考自身职业规划，并根据自身条件及周边环境做出适时调整，在提升个人能力的同时，也为组织的发展提供力量，进而提升组织综合能力。另一方面，神州数码开展的有针对性的培训体系，也使得研发人员感受到了来自专业理论的有力支持，进一步提升自身专业能力和技术水平，从而具有更多理论和空间，不断变革职业生涯规划，使其更加符合个人和组织的发展目标，提升团队力量和组织能力。

四、效果分析

神州数码作为一家中国领先的云管理服务及数字化方案提供商，同时也是IT领域分销和增值服务商，经过多年的发展，致力于成为领先的数字化转型合作伙伴，其产品及服务在市场上的应用范围相当广泛。神州数码在人力资源管理方面的杰出工作，为其技术创新、研究开发、市场扩张等奠定了良好的基础。神州数码注重研发人员的职业生涯管理，从环境、自身以及职业3个方面助力公司内部的职业生涯管理，并不断完善任职资格管理体系，依照任职资格标准培养面试官并招聘员工，打造完善、有针对性的人才培养体系，以帮助员工实现个人职业目标，加上全面的激励机制、完善的员工权益保障措施等，实现了员工与公司的共同发展。

/ 第二节 /

天合光能案例分析

本节将天合光能股份有限公司（以下简称天合光能）作为案例企业进行研究。首先，对企业的大致情况进行介绍。其次，从职业生涯管理、任职资格管理、易变职业生涯、组织能力、组织支持感5个方面描述公司的现状，其中职业生涯管理包括环境因素、自身因素和职业因素3个方面，任职资格管理包括任职资格标准、任职资格认证以及任职资格体系运作3个方面，易变职业生涯包括职业认同度、职业社会地位以及职业平衡性3个方面，组织能力包括行业地位和企业氛围两个方面。最后，通过天合光能的相关资料对本书提出的假设进行验证，并对其效果进行分析。

一、企业简介

天合光能创立于1997年，是一家全球领先的光伏智慧能源整体解决方案提供商，其业务包括光伏产品、光伏系统、智慧能源三大板块，覆盖光伏组件的研发生产和销售、电站及系统产品、光伏发电及运维服务、智能微网及多能系统的开发和销售以及能源云平台运营等。天合光能致力于成为全球光伏智慧能源解决方案的领导者，助力新型电力系统变革，创建美好零碳新世界。2020 年 6 月 10 日，天合光能登陆上海证券交易所科创板，成为首家在科创板上市的涵盖光伏产品、光伏系统以及智慧能源的光伏企业。随着市场占有率的不断提升，天合光能加速全球化布局，在苏黎世、费利蒙、迈阿密、迪拜、东京等地设立了区域总部，并在澳大利亚、韩国、印度、阿联酋、土耳其、意大利等国设立了办事处和分公司，在泰国、越南建立海外生产制造基地。近年来天合光能引进了来自 60 多个国家和地区的国际化高层次管理和研发人才，业务遍布全球 150 多个国家和地区。

2023 年 3 月，工业和信息化部公布 2022 年度绿色制造名单，天合光能凭借在绿色供应链领域的卓越表现，成功入选"国家级绿色供应链管理企业"。这是天合光能继 2018 年荣获国家绿色工厂、2021 年荣获国家绿色设计产品、2022 年荣获国家工业产品绿色设计示范企业之后，再度荣登国家级绿色制造名单，成为常州首家绿色制造体系大满贯企业。

二、企业现状

为了便于研究中国高科技制造企业职业生涯管理、任职资格管理、易变职业生涯与组织能力之间的关系，本节从职业生涯管理、任职资格管理、易变职业生涯、组织能力以及组织支持感 5 个方面来描述天合光能的现状。

1. 职业生涯管理

天合光能非常重视公司内部的职业生涯管理以及研发人员对自身的职业生涯规划，并提供了广泛的发展机会和支持，以帮助员工实现个人职业目标。对天合光能的职业生涯管理的现状描述主要从环境因素、自身因素和职业因素3个方面展开。

第一，环境因素。天合光能内部员工结构是其研发人员日常所处的重要职业环境，对研发人员的职业规划具有一定的影响作用。截至2022年年底，天合光能共计拥有员工23077人。按性别划分，男性共16123人，占比69.87%；女性共6954人，占比30.13%（见图5-5）。按年龄划分，18~20岁员工共536人，占比2.32%；21~30岁员工共9988人，占比43.28%；31~40岁员工共10594人，占比45.91%；41~50岁员工共1708人，占比7.40%；50岁以上员工共251人，占比1.09%（见图5-6）。天合光能整体员工团队呈现年轻化趋势，21~30岁之间的员工占总人数的四成以上，为公司的研发人员提供了更加年轻化的团队氛围，有利于彼此之间职业生涯规划的交流与沟通。同时，天合光能具备卓越的管理团队，其创始人致力于光伏技术研发创新20余年，其他管理层也拥有丰富的行业经验和管理能力，组建了高质量的管理团队，基于此，天合光能凝聚了全球的优秀人才，在全球市场进行业务布局，核心团队长期从事光伏产品和光伏系统业务，具有丰富的市场、技术和管理经验。卓越的管理团队为公司带来了优秀的人才研发队伍，为研发人员提供了优质的工作环境。

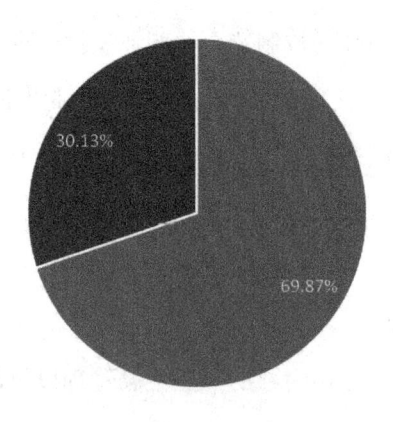

图5-5 天合光能员工结构（按性别划分）

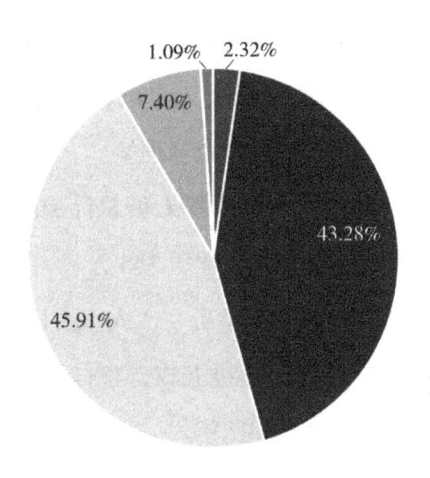

1.09% 2.32%
7.40%
43.28%
45.91%

■ 18~20岁 ■ 21~30岁 ■ 31~40岁 ■ 41~50岁 ■ 50岁以上

图 5-6 天合光能员工结构（按年龄划分）

同时，亲友的支持也是促进职业生涯管理的重要环境因素之一，得到更多亲友支持的研发人员，会更加积极主动地审视自身的发展，并主动地进行职业生涯规划与管理。对此，天合光能从员工的健康与安全保护入手，注重工作场所的健康与安全，设立了全面的安全管理制度，严格遵守《中华人民共和国劳动法》《中华人民共和国消防法》《中华人民共和国职业病防治法》《中华人民共和国安全生产法》，制定并实施《职业健康管理程序》《EHS责任制度管理程序》《EHS培训管理程序》等内部制度。2022年，天合光能进一步更新《EHS委员会管理制度》，优化包括月度检查及落实整改方案、员工安全培训、绩效跟踪、员工安全建议等工作内容；优化《EHS事故调查管理制度》内容，明确事故报告应上报至管理层，强调对于不同等级的事故采取不同的事故汇报流程，以提升事故调查分析效率，及时采取纠正措施防止类似事件重复发生。与此同时，天合光能还举办了多场与不同业务范畴相关的职业健康主题教育及意识推广培训。从职业健康形式、职业健康知识及法规要求、职业危害因素及防护和职业健康体检告知四大方面，为员工梳理职业健康的知识要点，将安全理念深植于每位员工的内心与日常行动中。研发人员的健康与安全得到了充分的保障，自然而然地得到了亲友的更多支持与理解。

第二，自身因素。天合光能的研发人员总计2051人，占公司总人数的比例为6.43%。其中，硕士及以上学历355人，占比17.31%；本科学历763人，占比37.20%；大专及以下学历933人，占比45.49%（见图5-7）。本科及硕士以上学历的员工占比超过五成，整体研发团队学历层次较高，对其职业发展也具有更高的追求和期望。

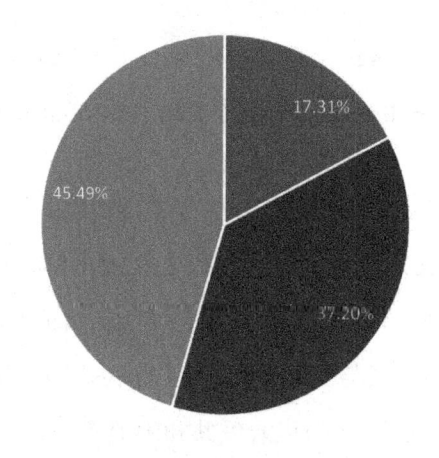

图5-7 天合光能研发人员的受教育程度

第三，职业因素。整体实力和研发能力的提升，能够增强公司在社会上的影响力，进而激发研发人员对自身职业的兴趣，并更有规划地安排其职业生涯。对此，天合光能不断提升自身研发实力，依托"一室两中心"（光伏科学与技术重点实验室、国家企业技术中心和新能源物联网产业创新中心），加大研发投入，建立高效、高产的研发创新管理模式，积极推进"走出去，请进来"引才策略，以开放合作的模式与国内外优秀企业、高校院所共建合作关系，汲取多方优势共同突破行业技术问题。先后承担和参与国家 863 计划、国家 973 计划、国家重点研发项目以及省科技成果转化等各类项目 60 余项，在光伏电池转换效率和组件输出功率方面先后 23 次创造和刷新世界纪录。

与此同时，天合光能的技术研发和科研项目越做越强。天合光能始终把科技创新作为发展第一动力，长期保持行业领先的技术优势，2023 年上半年，公司研发投入 26.78 亿元，同比增长 24.44%；新增专利申请 505 件，其中发明专利 212 件，有效发明专利拥有量持续位居行业领先地位。同时，天合光能不断地将创新研发成果转换为产品价值，着眼于行业技术发展趋势，积极进行领先技术研究积累，为增强产品技术的核心竞争力奠定基础。

2. 任职资格管理

对天合光能的任职资格管理的现状描述主要从任职资格标准、任职资格认证和任职资格体系运作 3 个方面展开。

第一，任职资格标准。天合光能基于任职资格标准的重要性，建立了明确、完备的专业任职资格标准及模型（见图 5-8）。天合光能持续赋能员工拥有更具激励和挑战性的职业发展机会，助力员工与天合光能共同成长。天合光能着力推动任职资格认证计划，起草并发行《任职资格管理办法》，有效建立任职资格认证机制。天合光能的专业任职资格标准包括绩效贡献和关键能力两个方面，其中绩效贡献从责任结果和专业回馈两个要点来衡量，关键能力从专长、沟通与组织影响力、解决问题的复杂度 3 个要点来衡量。天合光能的任职资格标准为其研发人员提供了努力的方向和前进的目标，更是指明了研发人员未来的职业发展道路，优化完善了公司的任职资格管理。

企业组织能力与管理

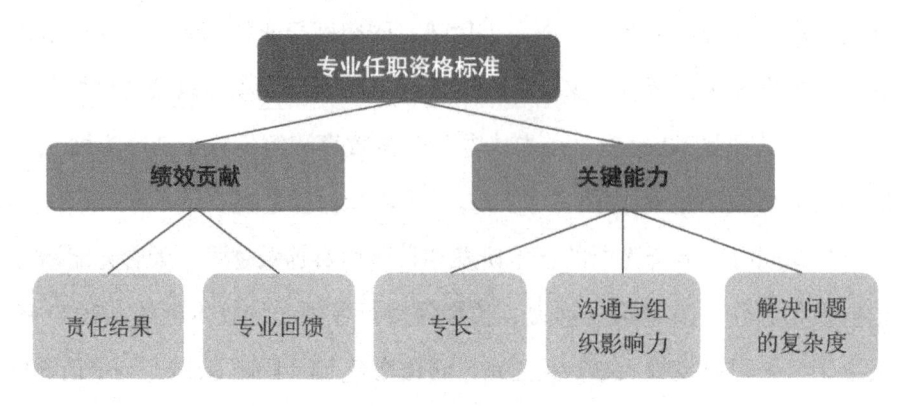

图 5-8　天合光能任职资格五要素模型

第二，任职资格认证。天合光能根据其任职资格标准的重点五要素，建立了完善的人才培训体系，完成了人才储备与人才梯队建设。天合光能持续完善《培训管理制度》，健全内部培训体系，为部门主管、全体员工、新入职员工、实习生等群体提供高度契合岗位需求的培训课程，内容包含合规培训、安全知识培训、职业素质能力培训、专业能力培训、领导力培训等，不断提高员工的知识水平与业务能力。具体来说，天合光能的重点培训项目包括天合光能中高层管理者领导力提升项目 GMDP，主要关注企业发展愿景，积极推动中高层管理者形成角色与责任认知，聚焦"中高层管理者角色"共性责任，开展中高层领导力发展 GMDP 培训项目，及时提升职责所需的业务能力，提高管理效率，以适应市场竞争与公司发展，共同携手达成公司战略目标；天合光能中基层管理者领导力提升项目 FLDP 致力于畅通人才发展路径，持续培养符合天合光能价值观与发展需求的管理者，引导、赋能参训人员在"传递价值观带领高绩效团队"及"达成业务目标"方面的能力提升；新员工 NEO（New Employee Orientation）培训项目，结合校园招聘及社会招聘不同的人才背景，开设旭日校招班、新干部班与社招班，通过"线上闯关＋线下集训"的方式，帮助新进人才了解

第五章 案例分析

公司文化与价值观。

与此同时，天合光能还培养员工的 ESG 知识和能力，开设了 ESG 类培训项目，鼓励全体员工学习 ESG 知识，践行可持续发展，将信息安全、商业行为与道德守则、EHS 管理、知识产权保护等重要可持续发展议题纳入《新员工 90 天成长记》培训体系中，夯实新进员工的可持续发展认知。此外，天合光能还推出在线培训课程，员工可在企业微信端或电脑端随时学习安全生产、环境保护责任、法律法规等知识。

第三，任职资格体系运作。天合光能积极推动其任职资格体系的运作，将任职资格标准融入人才招聘过程中，更好地发挥任职资格标准及管理的推介和宣贯。天合光能每年会开展人才盘点，梳理岗位空缺与需求，建立对应的人才计划，根据任职资格标准，通过校园招聘和社会招聘两种方式为天合光能储备人才，选拔精英。面向应届毕业生，招聘渠道包括但不限于校园招聘宣讲会、网络招聘、人才招聘会、内部推荐、内部竞聘等方式。天合光能持续推进"旭日计划"，优化校园招聘与人才文化建设，利用校园招聘机会广纳多元背景人才。天合光能还为新进人才提供形式多元、内容丰富的入职培训，期望新进人才能够尽早了解天合光能的核心价值观，实现从校园人到天合人的角色转变，掌握、应用基础技能。来自全国各地的应届生统一集中到常州总部参加培训，实现认同天合、转变角色、融入团队的培训目标。其中专门开设一期青海基地专场，助力新基地建设和文化融合。

与此同时，天合光能非常重视聆听来自员工的声音，鼓励员工通过内部沟通和申诉机制解决问题、处理争议，以创造和维护良好的工作氛围，助力其任职资格管理的推广与落实。天合光能通过召开员工沟通会，实现与员工的紧密联系，并且由核心管理层对来自员工涵盖企业运营、研发布局、职业规划等维度的问题进行解答；每年春季，组织一线员工进行户外拓展、团建等活动，促进员工之间的相互交流，增进团队协作能力；人力资源部与工会定期组织一线管理者、班组长的沟通会，听取一线基层管理者的心声，促进公司管理能力和服务意识的提升。

3. 易变职业生涯

对天合光能的职业生涯管理的现状描述主要从职业认同度、职业社会地位和职业平衡性3个方面展开。

第一，职业认同度。员工自身对职业的认同度是形成其易变职业生涯的重要内容之一，对自身职业认同度越高，就会将越多的时间与精力投入本职工作，思考职业生涯规划，形成易变性职业生涯。对此，天合光能始终坚持保障员工权益，严格遵守《中华人民共和国劳动法》《中华人民共和国劳动合同法》《禁止使用童工规定》等国家法律法规，关注并参考《联合国工商业与人权指导原则》等国际人权公约和劳工标准，制定并不断完善内部规章制度，将保护人权与保障劳工权益等内容纳入《天合光能员工商业行为和道德规范》及《供应商绩效管理规范》。在用工方面，天合光能在《天合光能员工手册》《人力资源招聘及录用管理制度》等内部规章中明确雇佣童工和强迫劳动的"零容忍"政策，通过信息审核、内部或第三方机构背景调查、规定工作时间与加班审批流程等方式积极维护员工基本权益。天合光能严格遵循中国及运营地的法律法规和《天合光能员工手册》规定，不使用童工，严禁强迫劳动，此外，还将童工、加班、人权等社会类议题纳入供应商社会责任考核办法，监督供应商不得雇佣童工和强迫劳动。

同时，公平公开的员工绩效评估，也使得员工更加赞同和认可本职工作。天合光能不断完善员工个人绩效管理和考核体系，并形成了《个人绩效管理制度》，建立绩效与奖金、调薪、晋升、股权等薪酬福利的联动机制，营造良好的竞争氛围。对于不同部门员工的绩效考核，按照员工角色和价值贡献模式确定个人绩效（PDP）考核指标，以确保公司战略目标（SP）与业务目标（BP）的落地和有效执行，强化以责任结果和员工管理、个人发展有机结合为导向的价值评估体系。天合光能的个人绩效考核流程，如图5-9所示。

员工自我评估 → 相关评价者提供输入信息 → 直线经理评估 → 考核结果分析校准会议 → 确定绩效等线 → 绩效结果反馈与运用

图5-9 天合光能个人绩效考核流程

第二，职业社会地位。天合光能为员工提供良好的薪酬福利保障，并且坚持短期与长期激励相结合，提高研发人员在岗位上的各项待遇，是提高其职业社会地位的重要举措。具体而言，天合光能以市场导向为定薪原则，实施员工股权激励计划，通过多元途径鼓励员工积极进取。天合光能严格遵守各运营地相关的工资管理法律规定，同时设立人力资源管理委员会（HRC），致力于不断优化公平、公正、合理的薪酬福利管理体系。天合光能一方面持续完善《关于职位晋升和薪资管理制度》《优秀评选与激励管理办法》等内部制度，规定员工薪资构成及调整机制，并且通过市场调研，开展年度薪酬调整，基本工资调整向基层员工倾斜，旨在为基层员工提供公平公正且具有市场竞争力的薪资待遇。另一方面，天合光能践行长期激励机制，实施员工股权激励计划，激发核心人才的工作积极性和研发创新性。2020年，公司董事会通过《关于向激励对象首次授予限制性股票的议案》，完善了股权激励、薪酬激励、工作绩效评估激励的框架。在提升企业价值的同时为员工带来增值效益，引导员工为公司的长期发展贡献自身力量，进一步提高员工的积极性、创造性、凝聚力。

第三，职业平衡性。职业与生活的平衡，可以使研发人员的工作幸福感提高，减少因家庭琐事带来的工作时间挤压等现象，有更多的时间投入工作，思考职业生涯，形成易变职业生涯。对此，天合光能致力于为员工提供良好的非薪酬福利待遇，关爱员工生活，持续提升员工的幸福感与归属感，打造有温度的工作环境。为员工提供年度健康体检等特色项目，为优秀员工每年提供5000元额度的自由选择项目，包含学习成长、家庭旅游基金、深度体检等；打造孕妇哺乳室，为女性员工提供三月八日妇女节节日关爱礼品；慰问困难员工，并组织员工捐款，缓解重病员工医疗费用的压力。

4. 组织能力

对天合光能的组织能力的现状描述主要从行业地位和企业氛围两个方面展开。

第一，行业地位。2023年上半年，天合光能所处的光伏行业原材料供需和价格出现较大程度的波动，各环节产能大规模扩张，光伏产业链面临较大挑战。与此同时，全球光伏装机规模增长显著，市场对于高效先进产品的需求尤为旺盛。天合光能凭借在技术、品牌、渠道、成本等各方面的领先优势，市场竞争力不断提升，机遇与挑战并存。天合光能坚持看好并持续深耕光伏主赛道，2023年光伏组件总出货量65.21GW，同比增长51.33%。截至2024年3月底，天合光能组件全球累计出货量已超过205GW，其中210组件累计出货量突破120GW，210组件出货量持续保持全球第一。天合光能以其卓越的光伏产品出货量和技术创新，使其行业领先地位获得巩固和加强，产品竞争力及盈利能力也得到进一步提升。

天合光能是全球光伏智慧能源解决方案的领导者，也是全球最大的光伏组件供应商和领先的太阳能光伏整体解决方案提供商，凭借强大的技术创新能力，树立了行业质量和效率标杆。

第二，企业氛围。天合光能积极构建多元、平等、包容的企业文化，为员工提供包容、开放的企业环境与氛围。天合光能业务遍布全球，积极吸纳多元学历、民族、国籍背景的人才，明确反对任何形式的歧视、恐吓、骚扰等违纪行为，承诺在员工聘用、晋升、培训、解聘过程中杜绝各方面的歧视行为，确保所有员工均享有公开、公平、公正的工作机会。天合光能还通过一系列的培训和贯宣，确保各地员工学习和理解天合光能对反歧视、反骚扰、多元化的要求和态度。

同时，天合光能还努力打造公平、公正、透明的竞争氛围，引导员工形成良性竞争态势。完善员工个人绩效管理和考核体系，形成了《个人绩效管理制度》，建立绩效与奖金、调薪、晋升、股权等薪酬福利的联动机制，最终营造出公司内部良好的竞争氛围。

5. 组织支持感

组织支持感为员工在工作中提供了物质以及精神层面的激励，给予了员工切实的帮助。天合光能通过沟通交流以及培训的方式，为员工提供其所需要的支持。一方面，通过交流解决问题，给予支持。为帮助新进人才更好地融入公司，天合光能召开新员工培训会，了解新员工在工作中遇到的实际困难和疑惑，鼓励员工聆听高管与专家的讲解并做出反馈与建议，汇聚员工智慧，提升员工归属感。同时，设置了线上和线下沟通平台与沟通热线，了解员工需求，积极倾听员工最真实的声音，并安排专人跟踪答复，及时回应员工的诉求。另一方面，根据绩效评估结果，查漏补缺，为员工个人发展提供助力。天合光能以每半年为一个考核周期，及时给予员工评估结果反馈，以帮助员工不断提升，着眼未来发展。

三、假设验证

本节根据天合光能的实际情况，进一步验证中国高科技制造企业职业生涯管理、任职资格管理、易变职业生涯、组织能力与组织支持感之间的关系。

1. 职业生涯管理、任职资格管理与易变职业生涯

本书提出的关于职业生涯管理、任职资格管理、易变职业生涯的假设包括职业生涯管理对易变职业生涯具有显著的正向影响，任职资格管理对易变职业生涯具有显著的正向影响。其中，在职业生涯层面，环境因素对易变职业生涯具有显著的正向影响、自身因素对易变职业生涯具有显著的正向影响、职业因素对易变职业生涯具有显著的正向影响。在任职资格管理层面，任职资格标准对易变职业生涯具有显著的正向影响、任职资格认证对易变职业生涯具有显著的正向影响、任职资格体系运作对易变职业生涯具有显著的正向影响。

第一，职业生涯管理对易变职业生涯具有显著的正向影响。天合光能从环境、自身以及职业三重因素，助力实施职业生涯管理，塑造卓越的管理团队和优秀的人才研发队伍，注重员工的健康与安全，致力于得到更多研发人员亲友的支持与理解，进而更好地开展职业生涯管理，从而塑造研发人员职业生涯的易变性。同时，研发团队的高学历特征也对研发人员积极进行职业生涯规划与管理起到了潜移默化的推动作用，激发员工进行职业生涯规划的意识与积极性。此外，天合光能通过建立高效、高产的研发创新管理模式，以开放合作的模式与国内外优秀企业、高校院所共建合作关系，实现整体研发实力提升，推动研发人员进一步的职业生涯规划，从而更加深入了解自身职业与岗位，提高职业生涯易变性。

第二,任职资格管理对易变职业生涯具有显著的正向影响。天合光能首先明确了其任职资格标准,建立了完善的专业任职资格模型,包括责任结果、专业回馈、专长、沟通与组织影响力、解决问题的复杂度这 5 个要素,完善公司任职资格管理,但可能是由于任职资格标准的制定过于死板,抑或是宣传落实不够到位,尚未对员工的职业生涯易变性起到影响作用。而后天合光能根据任职资格标准建立了完善的人才培训体系,并将任职资格标准融入人才招聘的过程中,提升公司任职资格管理能力,更好地匹配人才与岗位之间的供需要求,使得人才更加符合该岗位要求,响应人才的职业生涯规划,并为人才提供更加完备、深远的发展路径,提升职业生涯规划的严谨性和完善性。

2. 职业生涯管理、任职资格管理与组织能力

本书提出的关于职业生涯管理、任职资格管理、组织能力的假设包括职业生涯管理对组织能力具有显著的正向影响,任职资格管理对组织能力具有显著的正向影响。其中,在职业生涯层面,环境因素对组织能力具有显著的正向影响、自身因素对组织能力具有显著的正向影响、职业因素对组织能力具有显著的正向影响。在任职资格管理层面,任职资格标准对组织能力具有显著的正向影响、任职资格认证对组织能力具有显著的正向影响、任职资格体系运作对组织能力具有显著的正向影响。

第一,职业生涯管理对组织能力具有显著的正向影响。天合光能塑造了年轻化的组织团队,并且组建了高学历趋向的研发团队,凝聚了全球的优秀人才,在全球市场进行业务布局,核心团队长期从事光伏产品和光伏系统业务,具有丰富的市场、技术和管理经验,从而在技术创新层面极大地提高了公司的行业地位,形成专业能力强劲的文化氛围,提升了公司组织能力。同时,公司整体研发实力的不断提升,也鼓励了天合光能的研发

团队人员，促使其更加关注于技术开发与岗位职责，进而进一步提升组织综合能力。

第二，任职资格管理对组织能力具有显著的正向影响。天合光能建立的专业任职资格标准，成为研发团队绩效衡量的重要依据。天合光能根据其任职资格标准的重点五要素，建立了完善的人才培训体系，实现人才储备与人才梯队建设，从而更加精准地匹配公司现实发展需要。天合光能还积极推动其任职资格体系的运作，将任职资格标准融入人才招聘过程中，发挥任职资格标准及其管理的重要作用，为公司发展提供坚实的技术力量和保障，从而提升行业地位。

3. 易变职业生涯与组织能力

本书提出的关于易变职业生涯与组织能力的假设为易变职业生涯对组织能力具有显著的正向影响，其中，职业认同度对组织能力具有显著的正向影响、职业社会地位对组织能力具有显著的正向影响、职业平衡性对组织能力具有显著的正向影响。

天合光能保障员工权益，实行公平公开的员工绩效评估，强化以责任结果和员工管理、个人发展有机结合为导向的价值评估体系，明确个人绩效考核流程，形成员工之间的良性竞争，使得员工更加赞同和认可本职工作。同时为员工提供良好的薪酬福利保障，并且坚持短期与长期激励相结合，鼓励员工积极进取，提高员工的积极性、创造性、凝聚力。天合光能还致力于平衡员工的工作与生活，提供多项福利措施，提高员工工作幸福感与忠诚度，为组织提供更多的价值与贡献。

4. 易变职业生涯的中介作用

本书对易变职业生涯的中介作用做出的假设包括易变职业生涯在职业

生涯管理与组织能力之间具有中介作用、易变职业生涯在任职资格管理与组织能力之间具有中介作用。

第一，易变职业生涯在职业生涯管理与组织能力之间具有中介作用。天合光能的内部员工结构以及研发团队结构，为研发人员构造了日常工作的环境，对其职业生涯的规划与管理起到一定的影响作用，同时也对研发人员的自身职业期望起到推动作用，进而促使研发人员更好地了解该职业，做出职业生涯规划，保障研发团队人员的稳定性，提升组织能力和行业地位，形成专业、开放的企业氛围。而天合光能整体研发实力的提升，为研发人员的职业生涯规划提供了更多的选择，使其更加具有灵活性和实时性，从而加固企业的技术基础和人才基石。

第二，易变职业生涯在任职资格管理与组织能力之间具有中介作用。任职资格标准以及任职资格认证、任职资格体系的运作，让研发人员更加明确了自身的职业发展通道，尤其是对于刚毕业即入职的新员工来说，能够使其在基本的职业发展通道上，根据自身的实力和职业期望，做出个性化的职业生涯规划，提高其职业生涯易变性，进而为组织提供更多的活力。天合光能通过完善的人才培训体系、符合任职资格标准的人才招聘、开展内部沟通与申诉等措施，有效地提高了其任职资格管理能力和效率，实现了研发体系员工职业生涯的易变性，为组织能力的建设添砖加瓦。

5.组织支持感的调节作用

由前文所述，组织支持感对易变职业生涯与组织能力之间的关系具有正向调节作用。具体而言，天合光能不仅通过沟通交流的方式，为研发人员提供必要的支持，还根据不同研发人员的个人情况，提供不同的支持。一方面，天合光能设置了线上和线下沟通平台与沟通热线，了解员工需求，积极倾听员工最真实的声音，帮助员工在职业生涯规划方面做出更优的选择，提升员工职业规划能力，提高员工的积极性与主动性，为公司提供更多的可能和创意，提升组织能力。另一方面，天合光能根据绩效评估结果，查漏补缺，着眼于未来，为员工个人发展和职业生涯提供助力，进而形成良好的企业进步氛围。

四、效果分析

天合光能经过多年的发展，从中国最先发展的光伏企业之一快速成长为全球光伏技术创新和产品制造的领导者。天合光能凭借强大的技术创新能力，成功树立了行业质量和效率标杆。天合光能取得如此成就，离不开其对研发人员职业生涯以及任职资格等的精心管理。天合光能深知人才是企业可持续发展的重要基石，研发人员更是天合光能组织团队的关键力量，因此坚持"以人为本"的理念，致力于建立多元、平等的雇佣管理体系，关注员工职业健康与安全，切实保障员工的合法权益。同时，天合光能重视人才培养与发展，为人才提供具有潜力的晋升空间，完善薪酬福利保障计划，打造有温度的工作环境，实现研发人员与公司的共同成长与发展。

第五章 案例分析

/第三节/
海光信息案例分析

本节将海光信息技术股份有限公司（以下简称海光信息）作为案例企业进行研究。首先，对企业的大致情况进行介绍。其次，从职业生涯管理、任职资格管理、易变职业生涯、组织能力、组织支持感5个方面描述公司的现状，其中，职业生涯管理包括环境因素、自身因素和职业因素3个方面，任职资格管理包括任职资格标准、任职资格认证以及任职资格体系运作3个方面，易变职业生涯包括职业认同度、职业社会地位以及职业平衡性3个方面，组织能力包括行业地位和企业氛围两个方面。最后，通过海光信息的相关资料对本书提出的假设进行验证，并对其效果进行分析。

一、企业简介

海光信息成立于2014年10月，主要从事高端处理器等计算机芯片产品和系统的研究开发，以成为世界一流的芯片企业，为"数字中国"提供核心计算引擎为目标。作为国产先进微处理器产业的推动者，海光信息以务实的态度、创新的理念、先进的技术和可靠的产品，致力于促进我国信息产业核心竞争力的提升。海光信息的主营业务是研发、设计和销售应用于服务器、工作站等计算、存储设备中的高端处理器。高端处理器是现代信息系统设备中的核心部件，在大规模数据处理、复杂任务调度和逻辑运算等方面发挥了不可替代的作用。根据应用领域、技术路线和产品特征的不同，公司高端处理器分为海光 CPU 系列产品和海光 DCU 系列产品。海光 CPU 系列产品兼容 x86 指令集以及国际上的主流操作系统和应用软件，软硬件生态丰富、性能优异、安全可靠，已经广泛应用于电信、金融、互联网、教育、交通等重要行业或领域；海光 DCU 系列产品以 GPGPU 架构为基础，兼容通用的"类 CUDA"环境，可广泛应用于大数据处理、人工智能、商业计算等领域。

作为国内领先的高端处理器设计企业，海光信息坚持"销售一代，验证一代，研发一代"的产品研发策略，在高端处理器技术创新上持续投入，在处理器核心技术上持续进行优化、提升，产品性能在国内处于领先地位。目前，海光信息拥有一流的集成电路人才团队。公司骨干研发人员多数拥有知名芯片公司的就职背景，拥有成功研发 x86 处理器或 ARM 处理器的经验。截至 2023 年 12 月 31 日，公司拥有研发技术人员共 1641 人，占比 91.68%，其中硕士及以上学历 1301 人。公司研发人员理论基础扎实、实践经验丰富、知识结构合理，在公司各个关键岗位上发挥了重要作用，能够有力支撑公司的技术创新和产品迭代，保证海光高端处理器研发任务的顺利完成。

二、企业现状

为了便于研究中国高科技制造企业职业生涯管理、任职资格管理、易变职业生涯与组织能力之间的关系，本节从职业生涯管理、任职资格管理、易变职业生涯、组织能力以及组织支持感 5 个方面来描述海光信息的现状。

1. 职业生涯管理

对海光信息的职业生涯管理的现状描述主要从环境因素、自身因素和职业因素 3 个方面展开。

第一，环境因素。环境因素塑造了高科技制造企业研发体系员工的职业生涯规划与管理。截至 2023 年 12 月 31 日，海光信息在职员工共 1790 人，按年龄划分，60 岁及以上员工共 3 人，占比 0.17%；50~60 岁（含 50 岁，不含 60 岁）员工 19 人，占比 1.06%；40~50 岁（含 40 岁，不含 50 岁）员工 267 人，占比 14.92%；30~40 岁（含 30 岁，不含 40 岁）员工 874 人，占比 48.82%；30 岁以下（不含 30 岁）员工 627 人，占比 35.03%（见图 5-10）。按学历划分，大专以下学历员工 10 人，占比 0.56%；大专学历员工 6 人，占比 0.34%；本科学历员工 423 人，占比 23.63%；硕士及以上学历员工 1351 人，占比 75.47%（见图 5-11）。总体上来看，海光信息是一家极为年轻化的公司，人才队伍呈现年轻化、高学历的趋势，其中 40 岁以下员工占比超过八成，本科及硕士以上学历员工超过九成。因此海光信息的研发人员处于年轻化的工作环境中，并且更加富有活力。

与此同时，海光信息严格保障员工健康安全，使其亲友更加放心该员工的人身安全，从而更加支持其从事该职业。海光信息建立环境、职业健康安全管理体系，并确立"以人为本，健康至上；安全第一，预防为主"的职业健康安全方针，为公司全体员工购买基本医疗保险、工伤保险等社会保险以及人身意外保险，并定期进行年度体检，同时关注员工心理健康，设立心理健康援助渠道，为员工职业健康安全提供了有力保障。并

企业组织能力与管理

且，海光信息已通过 ISO 45001 职业健康安全管理体系认证。2023 年全年，海光信息员工、高管的总体检人数为 1532 人，其中男性 1148 人、女性 384 人；公司无发生重大安全事故，不存在因工死亡情况，无小型事故造成工伤。

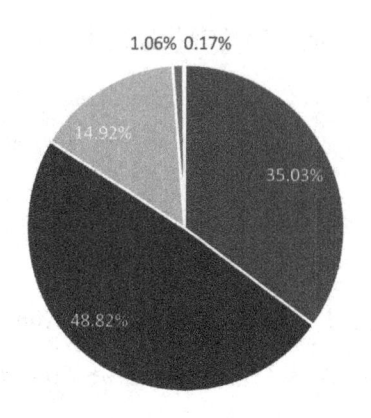

图 5-10 海光信息员工结构（按年龄划分）

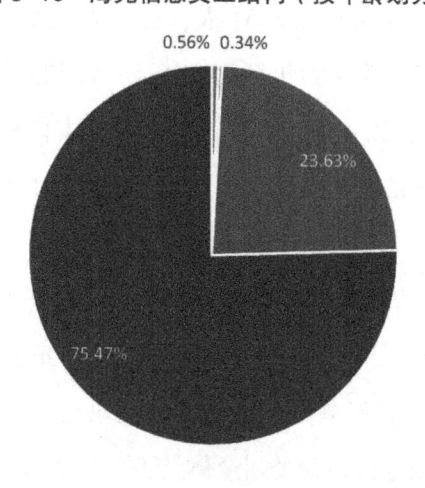

图 5-11 海光信息员工结构（按学历划分）

第二，自身因素。员工自身不同的学历背景对其职业生涯管理也具有不同的影响作用。由于技术研发人员多需要学历水平较高的人才，所以当较多的高学历研发人员共同在一个团队时，会激发团队成员的共鸣，对未来发展和职业生涯规划的探讨会更多，进而有助于其职业生涯规划以及公司对研发人员的职业生涯管理。截至2023年12月31日，海光信息共拥有研发人员1641人，其中博士研究生34人、硕士研究生1267人、本科及以下340人，整体处于高学历水平，如图5-12所示。

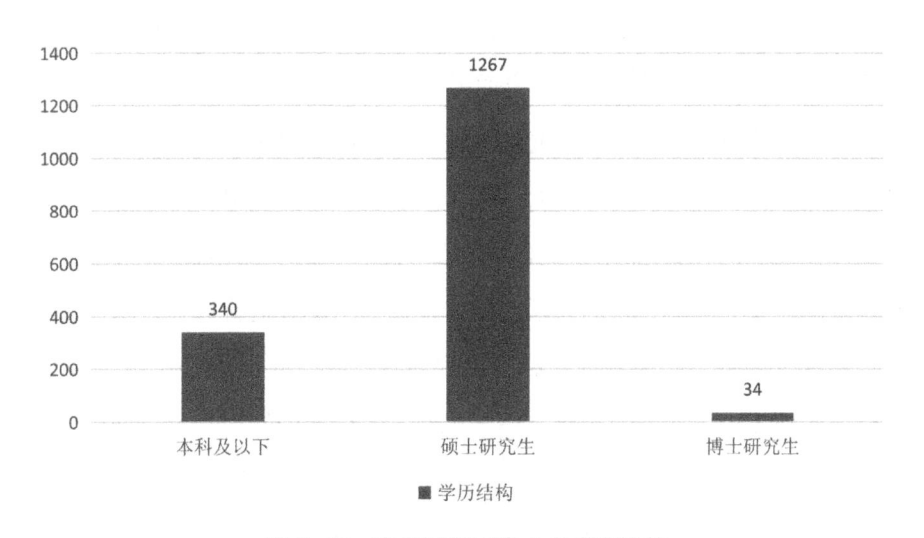

图 5-12 海光信息研发人员学历结构

第三，职业因素。职业在社会上的地位影响着技术研发人员的职业生涯选择。对于海光信息来说，持续投入、自主创新是其不变的原则。海光信息坚持"销售一代，验证一代，研发一代"的产品研发策略，不断突破芯片设计领域的各项核心技术，产品性能逐代提升，功能不断丰富，并在多个领域实现商业化应用，行业解决方案逐步成型。2023年，公司研发投入共计28.1亿元，较上年同期增长35.93%，授权专利累计763项，公司产品实现在大数据处理、人工智能、商业计算等领域的商业化应用。公司业绩的持续增长源于公司对研发工作的注重,始终保持高水平的研发投入,通过持续不断的研发创新,提高技术水平和产品的竞争优势,以优异的产品性能赢得客户,满足行业发展的需求。研发投入持续加大,产品获得广泛认可,使得海光信息的社会影响力进一步增强,也在一定程度上影响着研发人员的职业选择。

2. 任职资格管理

对海光信息的任职资格管理的现状描述主要从任职资格标准、任职资格认证和任职资格体系运作3个方面展开。

第一,任职资格标准。海光信息设定了任职资格标准,明确并畅通了员工发展路径,使得研发人员对其未来职业生涯的发展路径有了进一步的了解和深化。海光信息制定了《海光公司技术职称管理办法》《海光公司异动管理制度》等员工发展管理制度,根据员工层级进行分类,如普通员工、初级管理者、中层管理者和高层管理者,并确立了相应的人才标准,进行人才的选拔、培养与考核,给予优质人才更好的发展平台,同时也为海光信息迈向世界一流芯片企业提供坚实的人才保障。2023年全年,通过内部调动或内部应聘方式补充的职位数占比8.49%,员工内部调动或内部应聘40人,占比2.16%。

第二,任职资格认证。海光信息根据其不同层级员工、不同岗位职责员工的任职资格标准和职业发展路径,建立了针对不同层级的、覆盖全员的培训体系,积极探索新的培训模式,并持续跟进和改善培训效果(见图5-13)。针对管理层,通过举办初级管理者训练营及各种管理培训,提升管理者的领导力、沟通能力和团队协作能力;对于新入职员工,以导师制的形式开展系统的入职集训,帮助其快速融入企业、熟悉岗位职责;对于在职员工,持续开展各类知识和技能培训,不断提升员工的专业能力和综合素质，促进员工的个人发展与职业成长。

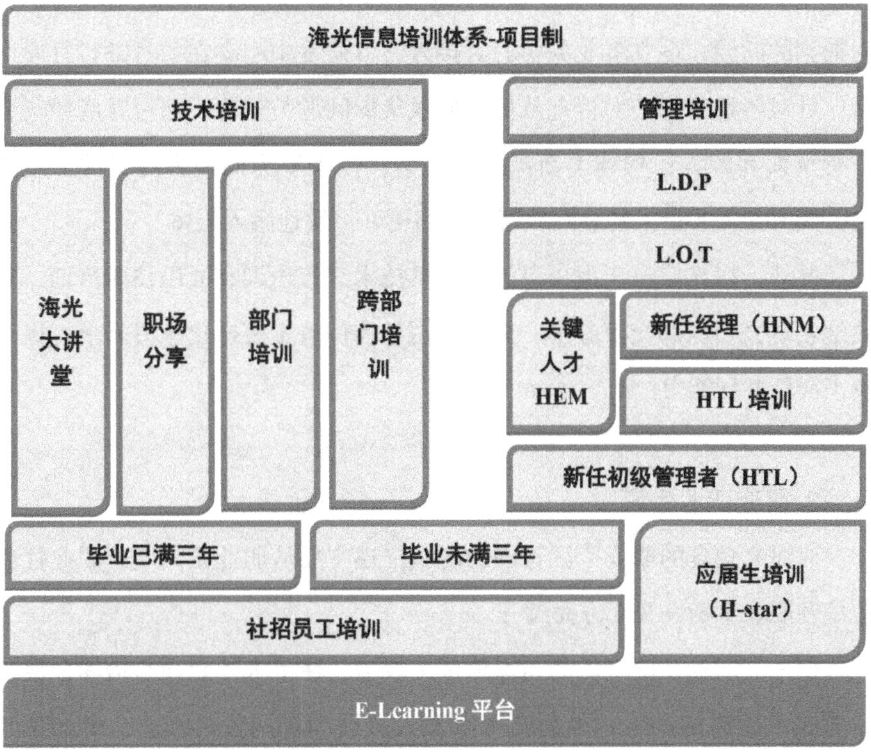

```
海光信息培训体系-项目制
├── 技术培训
│   ├── 海光大讲堂
│   ├── 职场分享
│   ├── 部门培训
│   └── 跨部门培训
├── 管理培训
│   ├── L.D.P
│   ├── L.O.T
│   ├── 关键人才 HEM
│   ├── 新任经理（HNM）
│   ├── HTL 培训
│   ├── 新任初级管理者（HTL）
│   └── 应届生培训（H-star）
├── 毕业已满三年
├── 毕业未满三年
└── 社招员工培训

E-Learning 平台
```

图 5-13 海光信息培训体系

第三，任职资格体系运作。人力资源管理系统在公司内部对任职资格标准及其管理进行的宣贯和推介，有利于其任职资格体系的运作，从而达成公司任职资格管理的目标。海光信息认识到人才是公司最宝贵的资源，是公司技术创新的基础，通过构建多元化招聘渠道，以任职资格为标准广纳人才。设立社会招聘渠道，线上合作渠道包括猎聘、前程无忧、脉脉和Boss直聘等，线下招聘渠道包括上海和成都地区半导体行业人才交流会，以及员工内部推荐；设立校园招聘渠道，与多所高校展开校企合作，如南开大学、郑州大学、电子科技大学、四川大学等。

与此同时，海光信息还构建了多元化的沟通渠道。人力资源部在日常工作中会与员工进行访谈，倾听员工的心声，致力于帮助员工解答工作中遇到的问题；设立各业务中心对接人，各研发中心会在每月举行月度例会，针对各业务中心对接人从员工处收集的问题与建议，通过月度职场会进行反馈和解答；构建了新员工座谈会，以季度为周期召开新员工座谈会，倾听新入职员工的心声，帮助他们更好更快地融入集体。

此外，海光信息还为在岗员工提供技术交流培训和通用技能培训，有效地实现公司内部交流分享、满足公司各岗位员工多样化学习需求、提升员工岗位胜任能力。

3. 易变职业生涯

对海光信息的职业生涯管理的现状描述主要从职业认同度、职业社会地位和职业平衡性3个方面展开。

第一，职业认同度。公司保障员工权益，注重人才建设与培养，促进更多技术成果的产生，也会使得研发人员更加认同公司管理，更加认同自己所做的工作，对职业认同度的提升具有积极的推动作用。海光信息保障员工权益，始终坚持以人为本的管理理念，依照包括《海光公司员工手册》在内的多项人力资源管理制度，确保招聘及用工的合法合规性，依法与所有在册正式员工签署劳动合同，切实保障全体员工的合法权益，并由管理保障中心牵头设立劳动争议小组，由管理保障中心总经理、人力资源部经理、法务部经理、员工关系负责人及法务主管组成，确保在劳动纠纷发生时充分了解员工诉求，并及时调解企业与员工之间的关系，以维护和谐稳定的劳动关系。

海光信息注重人才建设与培养，将人才战略作为公司发展战略的核心内容，以引进人才和培养人才为基础，持续优化人才队伍结构，营造拼搏、创新、协作、担当的文化氛围，为公司长远发展打好坚实的基础。

海光信息还致力于促进更多技术成果的产生，建立合理有效的人才队伍建设与激励机制，通过导师制管理办法、即时激励制度、技术职称管理办法等制度完善人才培养体系，激励研发人员进行技术创新，并且对研发成果实施奖励机制，调动创新积极性，使得研发人员更加认可自身能力和岗位职责。

第二，职业社会地位。公平的薪酬政策和合理的股权激励机制，是维持职业社会地位的重要手段。海光信息建立了较为完善科学的晋升机制和激励机制，将企业文化、价值观、职业发展机会等与具有竞争力的薪酬福利紧密结合，以吸引人才、留住人才。一方面，海光信息员工薪酬主要由年度总薪酬和年度奖金构成，年度总薪酬结合行业薪酬水平、岗位职级等因素确定。公司秉持"同工同酬、能者多得"的原则，充分考虑了员工的工作业绩、能力、岗位等多种因素，同时匹配多样的激励政策，有效地调动员工的主动性、积极性，使得员工能够在各自的岗位上发挥出最大的价值。另一方面，海光信息结合科技型企业的员工薪酬体系特点，对核心的研发、业务及管理人员实施股权激励，并通过优化项目激励政策、绩效管理评审程序、标准及结果应用，促进绩效结果的公平性和有效激励性。截至2023年12月31日，海光信息员工持股人数624人，员工持股数量14148.64万股，占到总股本的6.09%。

第三，职业平衡性。研发人员工作与生活的平衡度能够极大地促进其工作效率和创新思维，因此海光信息致力于平衡其研发团队成员的工作与生活，提升研发人员的工作幸福感，为其提供五险一金、带薪休假、生活福利等诸多福利，以及各项员工关怀活动，为员工营造一个充满关爱和温暖的工作环境。通过团队建设、庆典活动、文体竞赛等，让员工在轻松愉快的氛围中释放压力，提升员工的职场幸福感和归属感。

此外，海光信息尤为注重女性员工关怀，明确规定女性员工在孕期、产期和哺乳期等特殊时期的权益，确保女性员工在产假期间能够享受到法定的福利待遇，充分展现了公司对女性员工的关爱和尊重，为女性员工创造了一个公平、和谐、包容的工作环境。

4. 组织能力

对海光信息的职业生涯管理的现状描述主要从行业地位和企业氛围两个方面展开。

第一，行业地位。海光信息作为国内领先的高端处理器企业，自成立以来研发出了多款满足我国信息化发展的高端处理器产品，建立了完善的高端处理器研发环境和流程，产品性能逐代提升，功能不断丰富。从技术地位来看，海光信息的x86指令集具有业界最好的产业生态支持，现有运行中以及开发中的绝大部分服务器、硬件设备、软件系统均基于或兼容x86指令集，研制出符合中国用户使用需求、兼具"生态、性能、安全"三大特点的国产x86架构处理器产品。从市场地位来看，根植于中国本土市场，更加了解中国客户的需求，能够提供更为安全可控的产品和更为全面、细致的运营维护服务，具有本土化竞争优势。海光信息凭借领先的核心技术优势、一流的集成电路人才团队、优异的产品性能和生态，以及优质的客户资源，已经在市场中建立了强大的竞争地位，在国内市场占有重要地位，并有潜力进一步扩大市场份额。整体经营情况持续向好，高端处理器产品的产业生态持续扩展，涉及的行业应用以及新兴人工智能大模型产业逐步增加。

第二，企业氛围。海光信息建立了开放民主的氛围，构建并持续优化以职工代表委员会为主体的企业民主管理体系，推动民主监督与管理的有机结合，积极打造多元化的沟通渠道。公司定期召开职工代表大会，以了解员工诉求，并迅速采取相应解决措施。公司充分尊重员工的知情权、参与权、表达权和监督权，以提升员工的归属感，助力公司与员工共同发展。

5. 组织支持感

公司研发体系员工所感受到的组织支持力度，对激发其创新思维具有重要的意义，也可以帮助研发人员进一步做出长远的职业生涯规划。对此，海光信息专门成立技术委员会以指导公司研发工作，下设技术支撑中心和项目质量管理部，研发和服务范围覆盖北京、上海、成都、苏州等地，形成技术、平台和应用3个层次的完备支持，如图5-14所示。

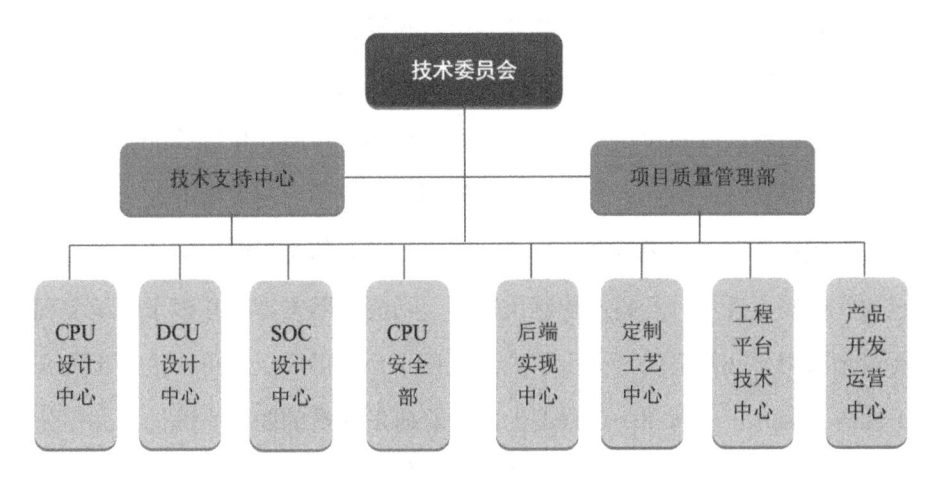

图 5-14 海光信息技术委员会体系

三、假设验证

本节根据海光信息的实际情况，进一步验证中国高科技制造企业职业生涯管理、任职资格管理、易变职业生涯、组织能力与组织支持感之间的关系。

1. 职业生涯管理、任职资格管理与易变职业生涯

本书提出的关于职业生涯管理、任职资格管理、易变职业生涯的假设包括职业生涯管理对易变职业生涯具有显著的正向影响，任职资格管理对易变职业生涯具有显著的正向影响。其中，在职业生涯层面，环境因素对易变职业生涯具有显著的正向影响、自身因素对易变职业生涯具有显著的正向影响、职业因素对易变职业生涯具有显著的正向影响。在任职资格管理层面，任职资格标准对易变职业生涯具有显著的正向影响、任职资格认证对易变职业生涯具有显著的正向影响、任职资格体系运作对易变职业生涯具有显著的正向影响。

第一，职业生涯管理对易变职业生涯具有显著的正向影响。海光信息研发团队整体学历水平较高，其高学历、年轻化的研发人员队伍，不仅从环境要素上塑造了研发人员的职业生涯管理，而且还激励了研发人员自身对职业的兴趣以及职业期望，助力企业更好地进行职业生涯管理，从而使研发人员以动态的眼光看待职业生涯规划，并在学习与发展的过程中不断地对其职业生涯规划进行调整。与此同时，海光信息不断突破芯片设计领域的各项核心技术，产品性能逐代提升，功能不断丰富，在多个领域实现商业化应用，并始终保持高水平的研发投入，获得广泛认可，进一步提升了社会影响力，从而在一定程度上影响着研发人员的职业生涯选择，促使其对职业生涯规划做出变动，实现更好的发展。

第二，任职资格管理对易变职业生涯具有显著的正向影响。海光信息积极推动其人力资源管理体系的运作，构建了多元化的招聘渠道广纳人才，包括社会招聘渠道和校园招聘渠道，并且构建了多元化沟通渠道，如日常人员访谈、月度例会、新员工座谈会等。海光信息不仅积极宣扬其任职资格标准以及管理运作方式，推动研发人员对自身发展路径的深入思考，而且还积极与研发人员进行沟通交流，深入贯彻落实其任职资格标

准，唤醒研发人员任职资格管理的意识，进而更好地做出职业生涯规划的选择。

2. 职业生涯管理、任职资格管理与组织能力

本书提出的关于职业生涯管理、任职资格管理、组织能力的假设包括职业生涯管理对组织能力具有显著的正向影响，任职资格管理对组织能力具有显著的正向影响。其中，在职业生涯层面，环境因素对组织能力具有显著的正向影响、自身因素对组织能力具有显著的正向影响、职业因素对组织能力具有显著的正向影响。在任职资格管理层面，任职资格标准对组织能力具有显著的正向影响、任职资格认证对组织能力具有显著的正向影响、任职资格体系运作对组织能力具有显著的正向影响。

第一，职业生涯管理对组织能力具有显著的正向影响。海光信息通过构建高质量、高水平的研发团队，实施保障员工健康安全等措施，从环境、自身因素角度激发员工对自身职业生涯规划的认识，形成良好的企业文化氛围。同时，海光信息还着力于提升职业社会地位，坚持持续投入与自主创新，2023年授权专利累计763项，业绩持续增长，提升了海光信息在行业内的地位。

第二，任职资格管理对组织能力具有显著的正向影响。海光信息制定详细且明确的员工发展管理制度，根据员工层级进行分类，确立了相应的人才标准，进行人才的选拔、培养与考核，选拔出更符合公司发展要求的研发人员，进而促进组织整体实力和能力的提升。同时，海光信息根据不同的员工（如新入职员工、在职员工、管理层等）制定了不同的培训方案，致力于促进其个人成长与职业发展，并在多元化的培训中与研发人员进行沟通与交流，以期实现个人与公司的共同成长。

3. 易变职业生涯与组织能力

本书提出的关于易变职业生涯与组织能力的假设为易变职业生涯对组织能力具有显著的正向影响，其中，职业认同度对组织能力具有显著的正向影响、职业社会地位对组织能力具有显著的正向影响、职业平衡性对组织能力具有显著的正向影响。

海光信息切实保障员工权益，建立完善的劳动争议处理体系，在劳动纠纷发生时充分了解员工诉求，并及时调解企业与员工之间的关系，同时注重人才的培养与建设，使得研发人员对公司及岗位的认同感提高，从而更加积极主动地为公司创造更多价值。与此同时，海光信息为员工提供公平的薪酬政策和合理的股权激励机制，建立较为完善科学的晋升机制和激励机制，提升了岗位社会地位，进而吸引了更多优秀的技术研发人员，同时也提高了公司研发人员的工作积极性，提升了组织能力。此外，海光信息致力于平衡研发团队成员的工作与生活，提升研发人员的工作幸福感，提供了各种各样的员工关怀活动，排解员工在生活上遇到的困难，更好地为组织创造价值，提升实力。

4. 易变职业生涯的中介作用

本书对易变职业生涯的中介作用做出的假设包括易变职业生涯在职业生涯管理与组织能力之间具有中介作用、易变职业生涯在任职资格管理与组织能力之间具有中介作用。

第一，易变职业生涯在职业生涯管理与组织能力之间具有中介作用。海光信息从环境、自身以及职业等因素着手，不断优化其任职资格管理、优化研发团队质量的同时，也积极保证研发人员的健康与安全，使其亲友更加放心该员工的人身安全，让员工对职业的期待值更高，从而有助于员工主动了解未来职业生涯规划，形成职业生涯易变性思维，为企业提供更多的灵活性与创新性，在技术先行的时代帮助企业提升其行业地位。同时，业绩的持续增长源于公司对研发工作的注重，始终保持高水平的研发投入和持续不断的研发创新，为研发人员塑造了具有前沿眼光的技术开发环境，对其职业生涯的影响更具有挑战性，进而提升研发团队整体的技术创新性，形成良好的创新、开放氛围。

第二，易变职业生涯在任职资格管理与组织能力之间具有中介作用。海光信息所建立的完善的职业发展路径，为研发人员提供了相应的人才标准，成为研发人员职业生涯规划的重要参考，同时针对不同员工的培训方案，也为研发人员指明了发展方向。这些都为海光信息研发人员的职业发展奠定了重要的基石，促使其更加认同本职工作，实现更多的技术创新。同时，海光信息多元化的招聘渠道也为公司招聘到了多元化的员工，形成对职业生涯规划的多样化看法，具备高活跃度的特征，增强了研发人员对职业生涯规划的积极性，打造了企业的竞争力。

5. 组织支持感的调节作用

由前文所述，组织支持感在易变职业生涯与组织能力之间的关系中具有正向调节作用。海光信息不仅为研发人员提供相应的培训，及时与员工进行沟通交流，提供必要的帮助，还设立了技术委员会，以专门指导公司的研发工作，下设 8 个具体职能部门，为研发人员提供必要的支持，进而完善其职业生涯规划体系，提升整体研发团队成员的能力，提高组织能力。

四、效果分析

海光信息经过多年的发展，公司产品性能在国内处于领先地位，其产

企业组织能力与管理

品已深度融入大数据处理、人工智能、商业计算等领域，被广泛应用于电信、金融、互联网、教育、交通等重要行业。海光信息致力于成为世界一流的芯片企业，始终秉持着"为数字中国提供核心计算引擎"的目标，在高端处理器技术创新上持续投入，注重技术研发人员的管理。海光信息坚持以人为本，确保每位员工的基本权益和发展机会得到保障。公司高度重视人才培养与发展，建立健全的培训和发展体系，激发员工的积极性和创造力，努力为员工打造平等、包容、进取的职业发展平台，营造健康、安全的工作环境，实现公司与员工共同发展。

/ 第四节 /
案例比较分析

本节将 3 家案例企业进行比较，分别从变量、成果、潜力层面阐述 3 家案例企业的状况，进一步明确中国高科技制造企业职业生涯管理、任职资格管理、易变职业生涯、组织能力以及组织支持感五者之间的关系。

一、变量层面

下面从变量层面对 3 家案例企业的情况进行比较，包括职业生涯管理、任职资格管理、易变职业生涯、组织能力以及组织支持感 5 个方面。

1. 职业生涯管理

神州数码重视研发人员的职业生涯管理。从环境因素来看，神州数码认为员工所处的环境对其职业生涯规划与管理具有一定的影响作用，同事的态度、年龄、岗位等都在潜移默化地影响员工个体的职业生涯选择与制定。神州数码研发人员所占比重较高，且呈现持续增长的趋势，35 岁以下员工超五成，整体员工呈现年轻化趋势。神州数码的人才结构为其员工提供了良好的研发环境与氛围，提升了研发人员本身对职业生涯规划的重视度。从自身因素来看，神州数码研发团队的学历结构也呈现出整体高学历的趋势，更容易激发本公司内技术研发人员的职业兴趣与职业期望。从职业因素来看，神州数码设置了神州数码集团金马奖，以奖励做出突出贡献的个人，还启动了"2035实验室计划"，构建了一个面向未来的技术创新开放性平台，为研发人员的职业生涯管理提供助力。

天合光能则是为研发人员提供了广泛的发展机会和支持，以帮助员工实现个人职业目标。从环境因素来看，天合光能整体员工团队呈现年轻化趋势，为公司的研发人员提供了更加年轻化的团队氛围，同时卓越的管理团队凝聚了全球的优秀人才，打造出优质的人才研发队伍。与此同时，天合光能还致力于帮助研发人员得到其亲友的支持，注重工作场所的健康与安全，举办了多场与不同业务范畴相关的职业健康主题教育及意识推广培训。从自身因素来看，整体研发团队学历层次较高，本科及硕士以上学历员工占比超过五成，这也使得研发人员对其职业发展具有更高的追求和期望。从职业因素来看，天合光能不断提升自身研发实力，依托"一室两中心"，以开放合作的模式与国内外优秀企业、高校院所共建合作关系，汲取多方优势共同突破行业技术问题。天合光能始终把科技创新作为发展第一动力，持续增大研发投入，2023年上半年，公司研发投入26.78亿元，同比增长24.44%。

海光信息也很注重研发体系员工的职业生涯管理。从环境因素来看，海光信息的人才结构在一定程度上推动了研发体系员工的职业生涯规划与管理。海光信息是一家极为年轻化的公司，人才队伍呈现年轻化、高学历的趋势，其中40岁以下员工占比超过八成，本科及硕士以上学历员工超过九成。同时，海光信息严格保障员工健康安全，定期进行年度体检，并关注员工心理健康，为员工职业健康安全提供了有力保障。从自身因素来看，海光信息共拥有研发人员1641人，整体处于高学历水平，有助于研发团队成员对未来发展和职业生涯规划的探讨，进而推动职业生涯规划及管理。从职业因素来看，海光信息持续进行研发投入，不断进行技术创新，提高技术水平和产品的竞争优势，提升社会影响力，从而影响研发人员的职业选择。

神州数码和海光信息研发团队的人员数量和年轻化趋势相对较高，但3家企业同样注重员工的职业生涯规划管理，均在员工职业生涯管理层面起到了积极的推动作用。

2. 任职资格管理

神州数码基于组织目标与前景，从多个方面打造公司的任职资格管理体系，为员工提供更加明确的职业发展目标。在任职资格标准方面，神州数码搭建了完整的职位职级体系，梳理任职资格标准，鼓励员工不断提升专业能力。在任职资格认证方面，神州数码推出了卓越面试官计划，通过培养优秀的人才选拔官，打造一个优秀的研发团队，还建立了完善的培训计划，开展企业文化、数字化和领导力、业务知识、专业技能等内容的培训。在任职资格体系运作方面，神州数码通过多元化的招聘渠道广纳人才，不断加大在招聘渠道、视频号、公众号、神码头条等内外部平台的宣传推广，并长期组织校园技术大赛，促进产、学、研同步发展，在这些人才招聘的过程中积极宣扬其任职资格及晋升渠道等。

天合光能认识到任职资格标准建立以及任职资格管理的重要性，因此从绩效贡献和关键能力两个方面，建立了明确、完备的专业任职资格标准及模型，指明了研发人员未来的职业发展道路，优化任职资格管理。接下来，天合光能根据专业任职资格模型，基于公司发展愿景，健全内部培养体系，畅通人才发展路径，并助力公司文化的更好融合。天合光能还将任职资格标准融入人才招聘过程中，开展人才盘点，梳理岗位空缺与需求，建立对应的人才计划，根据任职资格标准，通过校园招聘和社会招聘两种方式为天合光能储备人才，选拔精英。此外，天合光能还非常重视聆听来自员工的声音，通过召开员工沟通会，实现与员工的紧密联系。

海光信息具备完备的任职资格管理体系。首先设定了任职资格标准，明确并畅通了员工发展路径，使得研发人员对其未来职业生涯的发展路径有了进一步的了解和深化。例如制定了《海光公司技术职称管理办法》《海光公司异动管理制度》等员工发展管理制度，确立了相应的人才标准，给予优质人才更好的发展平台。而后根据其不同层级员工、不同岗位职责员工的任职资格标准和职业发展路径，建立了针对不同层级的、覆盖全员的培训体系，积极探索新的培训模式，促进研发人员的个人成长，响应公司所制定的任职资格标准。接下来积极地对任职资格标准及其管理进行宣贯和推介，以任职资格为标准，构建多元化招聘渠道和沟通渠道，优化完善其任职资格管理。

这3家企业均从不同的角度明确了研发人员的任职资格标准，也大多采用构建培训体系、沟通机制、招聘等方式来实现对公司内部员工的任职资格管理，建立了多样化的人才培训体系，打通职业发展通道。

3. 易变职业生涯

神州数码建立了全面的激励机制，每年定期公开、公正地开展绩效考核，并且将绩效考核融入晋升岗位工作中，同时，神州数码于2023年落地新一期期权激励计划，覆盖人员425人，以不断完善全面薪酬体系，优化薪酬分配体系，激励、保留公司的关键人才，进一步激发员工的积极性和创造性，通过绩效激励和长效激励机制，增强研发人员工作的获得感，进而提升其对自身工作的认同度。而后，神州数码建立了完备的薪酬激励体系，为员工提供有竞争力的薪酬激励以及各项补贴，致力于激发研发人员的自我管理性和自我进步能力。最后，神州数码为员工提供了涵盖健康、生活、财务保障等多维度的福利与关怀，致力于提高员工的工作幸福感。

天合光能从员工权益、激励机制、关怀活动3个方面，致力于促进员工易变职业生涯的形成。在职业认同度方面，天合光能始终保障员工权益，将童工、加班、人权等社会类议题纳入供应商社会责任考核办法，监督供应商不得雇佣童工和强迫劳动，并且不断完善员工个人绩效管理和考核体系，建立绩效与奖金、调薪、晋升、股权等薪酬福利的联动机制，营造良好的竞争氛围。在职业社会地位方面，天合光能以市场导向为定薪原则，为员工提供良好的薪酬福利保障，提高研发人员在岗位上的各项待遇，同时实施员工股权激励计划，激发核心人才的工作积极性和研发创新性。在职业平衡性方面，天合光能为员工提供良好的非薪酬福利待遇，持续提升员工的幸福感与归属感，例如为员工提供年度健康体检等特色项目、为优秀员工每年提供5000元额度的自由选择项目、打造孕妇哺乳室等。

海光信息注重人才培养与建设的同时，始终坚持以人为本的管理理念，保障员工权益，设立了劳动争议小组，确保在劳动纠纷发生时充分了解员工诉求，及时调解企业与员工之间的关系，以维护和谐稳定的劳动关系。海光信息认为，公平的薪酬政策和合理的股权激励机制，是维持职业社会地位的重要手段。对此，海光信息秉持"同工同酬、能者多得"的原则，充分考虑员工的工作业绩、能力、岗位等多种因素，匹配多样的激励政策，使得员工能够在各自的岗位上发挥出最大的价值。此外，海光信息致力于平衡研发团队成员的工作与生活，提升研发人员的工作幸福感，为其提供五险一金、带薪休假、生活福利等诸多福利，以及各项员工关怀活动，例如团队建设、庆典活动、文体竞赛等。

这3家企业主要是从员工薪酬与晋升体系、员工关怀活动、平衡员工工作和生活几个方面来影响员工的职业生涯选择和变动，并具体采取了不同的举措，皆取得不错的成效。

4. 组织能力

神州数码在获得行业高度认可的基础上，三大核心业务齐头并进，保持其稳定的市场地位，展现了其前瞻性的布局和深入探索。神州数码注重公司内部氛围的建设，打造了廉洁文化氛围，致力于建造良好的营商环境，同时还塑造了专业能力氛围，培养各类专业人才，持续开展了以青干班、青年沙龙和英才班为代表的青年后备干部培养项目，让年轻人在持续突破中拥有更多的获得感。此外，神州数码还致力于构建员工互助氛围，创立了员工互助基金，进一步解决员工突发性的重大疾病及意外伤害等困难。

天合光能是全球光伏智慧能源解决方案的领导者，也是全球最大的光伏组件供应商和领先的太阳能光伏整体解决方案提供商，凭借强大的技术创新能力，天合光能成功地树立了行业质量和效率标杆。天合光能积极构建多元、平等、包容的企业文化，为员工提供包容、开放的企业环境与氛围，确保所有员工均享有公开、公平、公正的工作机会。

海光信息是国内领先的高端处理器企业，建立了完善的高端处理器研发环境和流程，产品性能逐代提升，功能不断丰富。海光信息凭借领先的核心技术优势、一流的集成电路人才团队、优异的产品性能和生态，以及优质的客户资源，已经在国内市场占有重要地位，并有潜力进一步扩大市场份额。海光信息营造了开放民主的氛围，充分尊重员工的知情权、参与权、表达权和监督权，以提升员工归属感，助力公司与员工的共同发展。

这3家企业均为行业领先企业，塑造了积极、开放、包容、公平的企业氛围，具备较强的组织能力。

5. 组织支持感

神州数码为员工所提供的组织支持主要包括沟通交流以及培训体系两个方面。一是对所有员工进行年度考核（入职满半年以上），针对不同管理类别、不同职级员工的年度绩效考核覆盖率达到100%，进而根据个人意愿、职业成长需求与年度绩效考核结果，制定个人发展计划。二是依据不同层次、不同岗位的能力画像，建立了以文化力、领导力和专业力为主的培训体系。

天合光能为员工在工作上提供了物质以及精神层面的激励，通过交流解决问题，给予支持。并且召开新员工培训会，鼓励员工聆听高管与专家的讲解并做出反馈与建议，汇聚员工智慧，提升员工归属感。同时根据绩效评估结果，查漏补缺，为员工个人发展提供助力。

海光信息专门成立技术委员会以指导公司研发工作，下设技术支撑中心和项目质量管理部，细分为CPU设计中心、DCU设计中心、SOC设计中心、CAPU安全部、后端实现中心、定制工艺中心、工程平台技术中心、产品开发运营中心8个部门，为研发人员提供专门的支持。

这3家企业均为其研发体系员工提供了必要的组织支持，并且大多是基于沟通交流、培训等措施。

二、成果层面

神州数码始终坚持与优秀人才共同成长、双向成就，为价值创造者打造更大的事业平台、更多元的晋升通道、更好的激励机制、更多的获得感。神州数码的云计算业务对其数字业务的发展起到了至关重要的作用，主要以"数云融合"技术框架体系为处在不同数字化转型阶段的快消、零售、汽车、金融、医疗、政企、教育、运营商等行业客户提供泛在的敏捷

IT 能力和融合的数据驱动能力，构建跨界融合创新的数字业务场景和新业务模式，在数字化赋能方面已取得卓越成果。从营业状况来看，2023 年全年神州数码实现营业收入 1196.24 亿元，同比增长 3.23%。

天合光能持续赋能员工拥有更具激励和挑战性的职业发展机会，助力员工与天合光能共同成长。2022 年，天合光能荣获领英颁发的"全球吸引力雇主"奖。从经营情况来看，2023 年上半年，天合光能营业收入同比增长 38.21%，归属于上市公司股东的净利润同比增长 178.88%，归属于上市公司股东的扣除非经常性损益的净利润同步增长 222.60%。

海光信息的 x86 指令集具有业界最好的产业生态支持，现有运行中以及开发中的绝大部分服务器、硬件设备、软件系统均基于或兼容 x86 指令集，研制出符合中国用户使用需求、兼具"生态、性能、安全"三大特点的国产 x86 架构处理器产品。2023 年，海光信息实现营业收入 601199.90 万元，较上年同期增长 17.30%，整体经营情况持续向好，高端处理器产品的产业生态持续扩展，涉及的行业应用以及新兴人工智能大模型产业逐步增加。在内部管理、供应链、产品销售等方面均建立了成熟团队，核心骨干均有多年公司运营管理或市场销售经验，对公司未来的发展方向和公司产品的市场定位有着明确的目标和计划。

三、潜力层面

未来，神州数码将聚焦集团战略方向和业务痛点，围绕关键能力和关键岗位开展数字化主题、技术主题、营销主题和运营主题等专业人才培养项目，同时基于自身数字化转型需求，开展数字化产品经理、数字化产品运营、数据治理和数据分析等高阶技能培训，保障专业人才供给充足。秉持"数字中国"初心和使命，神州数码致力于成为企业数字化转型全生命周期合作伙伴，以先进的数字化理念和技术框架，助力处在数字化转型不同阶段的企业建立面向未来的核心竞争力，全面推动数字社会加速发展。

天合光能坚持看好并持续深耕光伏主赛道，2023年光伏组件总出货量65.21GW，同比增长51.33%。截至2024年3月底，天合光能组件全球累计出货量已超过205GW，其中210组件累计出货量突破120GW，210组件出货量持续保持全球第一。其至尊N型700W+组件量产功率已突破720W输出，实验室功率突破740W，打破新的世界纪录，巩固并加强了天合光能的行业领先地位，进一步提升了产品竞争力及盈利能力。以N型钝化接触双面电池、HJT电池、IBC电池、切半、MBB、双玻等为代表的电池及组件技术，是天合光能未来业务开拓的基础，一旦公司核心技术失密，就会在一定程度上影响到公司的市场竞争力，因此天合光能在能源互联网等相关领域也在积极地进行技术创新，为公司的未来发展进行技术储备，从而在更广阔的能源领域获取一定的市场份额。

海光信息凭借领先的核心技术优势、一流的集成电路人才团队、优异的产品性能和生态，以及优质的客户资源，已经在国内市场占有重要地位，并有潜力进一步扩大市场份额。伴随着未来信息化和"数字中国"发展的加速，国产高端处理器的需求量将大幅增加，海光信息在未来将迎来更多的发展机遇。同时，海光信息在内部管理、供应链、产品销售等方面均建立了成熟团队，并将持续把人才战略作为公司发展战略的核心内容，人才资源已经成为公司发展壮大最重要的战略资源。通过多年的人才队伍培养，海光信息已经在北京、天津、上海、成都、苏州等地建立了专业的高端处理器研发团队，多数核心研发人员具有20年以上的高端处理器研发经验。未来，海光信息将继续加大人才队伍的建设力度，以引进人才和培养人才为基础，持续优化人才队伍结构，营造拼搏、创新、协作、担当的文化氛围，为公司长远发展打好坚实的基础。

本章小结

本章选用了3个典型企业对中国高科技制造企业职业生涯管理、任职资格管理、易变职业生涯、组织能力以及组织支持感五者之间的关系进行验证。首先，分别对案例企业进行了简要介绍。其次，从职业生涯管理、任职资格管理、易变职业生涯、组织能力以及组织支持感5个变量的维度层面描述企业的现状。再次，分别利用案例企业的真实情况对假设进行了验证，包括职业生涯管理、任职资格管理对组织能力具有显著的正向影响，职业生涯管理、任职资格管理对易变职业生涯具有显著的正向影响，易变职业生涯对组织能力具有显著的正向影响，易变职业生涯在职业生涯管理与组织能力之间具有中介作用，易变职业生涯在任职资格管理与组织能力之间具有中介作用，组织支持感在易变职业生涯与组织能力之间具有调节作用。此外，还对各案例企业的效果进行了分析。最后，从变量层面、成果层面、潜力层面对3家案例企业进行了比较。

第六章

策略与建议

本章将根据前文的研究构建高科技企业组织能力模式，进一步提出提高组织能力的路径以及对策，并形成可在企业管理实践中应用的建议方案。

第六章 策略与建议

/ 第一节 /
模式、路径与策略

本节基于波士顿矩阵构建高科技制造企业组织能力模式，划分了4种不同的类型，并提出其路径和对策。

一、高科技制造企业组织能力模式

为构建高科技制造企业组织能力模式，依据波士顿矩阵的基本思路，进行了可行性分析，进而构建了该模式。

1. 构建波士顿矩阵的基本思路

波士顿矩阵是由美国波士顿咨询集团首创的一种规划企业产品组合的方法，它以产品生命周期理论为基础，分别从市场引力与企业实力的角度，用市场占有率和销售增长率两个维度将企业产品划分为问题类产品、明星类产品、瘦狗类产品和金牛类产品（邵建平、张建平，2008；左西子等，2019）。其中，问题类产品表示销售增长率高、市场占有率低的产品；明星类产品表示销售增长率和市场占有率双高的产品；瘦狗类产品表示销售增长率和市场占有率双低的产品；金牛类产品表示销售增长率低、市场占有率高的产品,如图 6-1 所示。

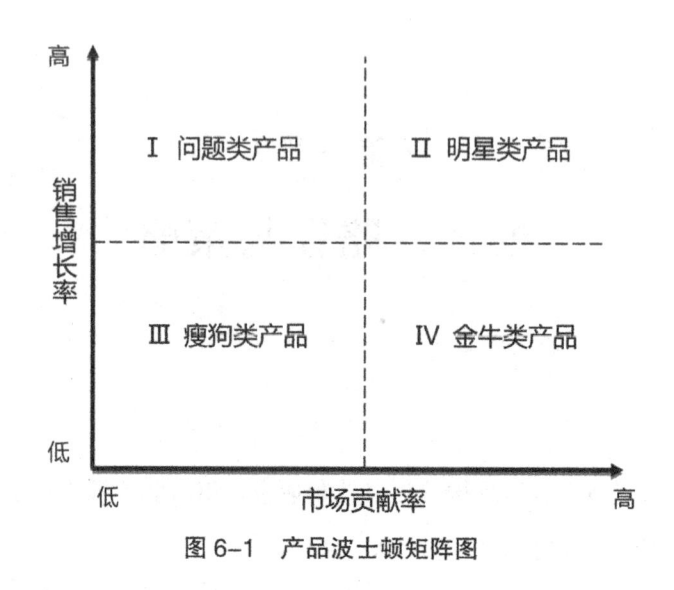

图 6-1 产品波士顿矩阵图

波士顿矩阵主要解决的问题是,企业在多产品的状态下,为了适应市场环境的变化,根据产品的特征和企业发展的前景将企业有限的资源合理地分配到产品结构中去,以保证企业效益的最大化。

2. 基于波士顿矩阵的高科技制造企业组织能力模式的构建

(1) 可行性分析。

依据波士顿矩阵原理,高科技制造企业组织能力模式的矩阵构建,可以以高科技制造企业员工的职业生涯周期为基础,从员工个人导向和组织导向两个角度体现员工的职业发展和组织层面的赋能两个维度。这两个维度相互关联、相互承接,有效地反映了目前高科技制造企业的职业生涯管理、任职资格管理、易变职业生涯以及组织支持感的现状,从而来测定其组织能力提升的路径与对策。

根据高科技制造企业的基本特征,职业生涯、任职资格等方面的管理特性，以及组织能力提升的主要因素，决定其结构的基本要素从员工和组织两个层面出发，表现为员工职业成长和组织赋能。

员工职业成长体现为科技型员工进行主动学习，以自我为导向对自身职业生涯进行合理长远的规划，积极地对职业生涯进行自我管理，具备一定的动态性，并且能够通过对组织给予的支持和帮助的感知，实现个人成长。员工职业成长可以综合地体现高科技制造企业员工在其职业管理方面的能力和进步。

组织赋能表现为高科技制造企业给予其员工情感支持、物质支持以及管理支持，包括积极地与科技人员进行沟通交流，为员工的职业发展提供情感上的支持与鼓励；对科技人员设置创新激励措施，提高薪酬、福利待遇等，为员工的职业规划与发展提供一定的物质支持和基础；优化组织内部的职业生涯和任职资格管理体系和标准，与员工共同规划其职业发展道路，给予一定的认同感，提供必要的管理支持。组织赋能可以综合地体现高科技制造企业对职业发展的管理效率和支持程度。

（2）矩阵构建。

本书构建的中国高科技制造企业组织能力高效率模式，是中国高科技制造企业高效发展的主模式，剖析了其在员工职业成长和组织赋能的双向作用下，如何高效提升组织能力，如图6-2所示。

借鉴产品的波士顿矩阵确定分界的思维，基于组织与员工"双向驱动"的原则，可以确定组织赋能与员工职业成长为横坐标和纵坐标，将矩阵划分为四大区域，形成4种不同类型的模式——自驱型、效能型、一般型和管理型，如图6-3所示。

> 企业组织能力与管理

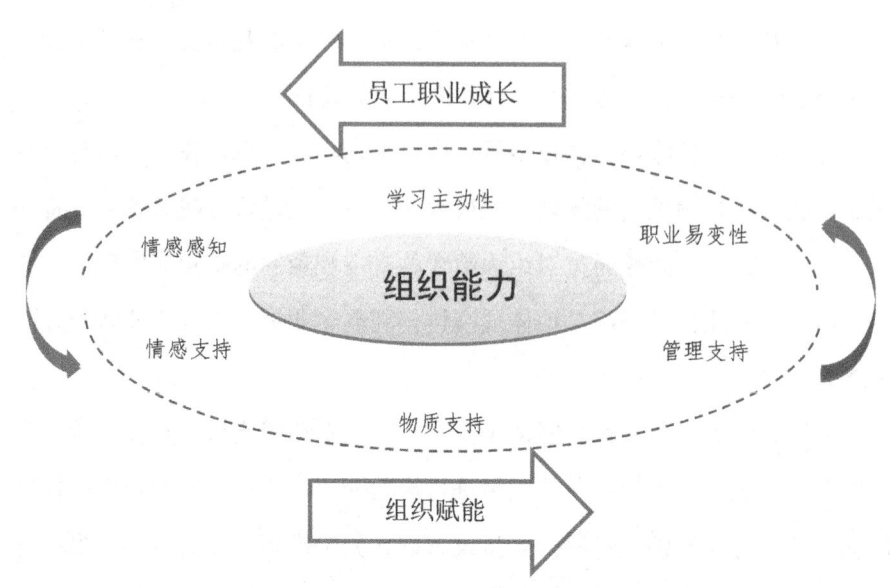

图 6-2 中国高科技制造企业组织能力高效率模式图

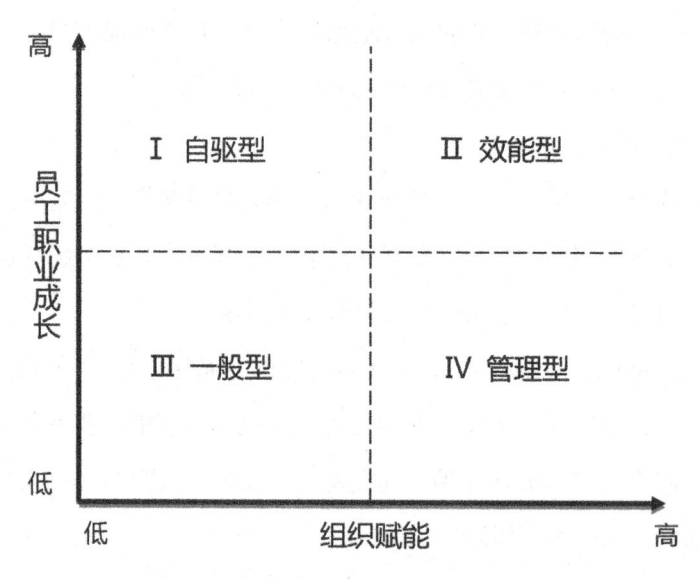

图 6-3 基于波士顿矩阵的高科技制造企业组织能力模式图

自驱型：位于Ⅰ区，是一种表示高员工职业成长、低组织赋能的模式。

214 /

效能型：位于Ⅱ区，是一种表示高员工职业成长、高组织赋能的模式。

一般型：位于Ⅲ区，是一种表示低员工职业成长、低组织赋能的模式。

管理型：位于Ⅳ区，是一种表示低员工职业成长、高组织赋能的模式。

二、高科技制造企业组织能力模式的路径

高科技制造企业组织能力的 4 种模式各自具有不同的特征，其实现路径也各不相同。本书基于波士顿矩阵，依据定量分析和案例分析的内容，对高科技制造企业组织能力的 4 种模式的路径进行概述。

1. 自驱型模式的路径

Ⅰ区自驱型模式具有高员工职业成长、低组织赋能的特征，在这个模式下，高科技制造企业的科技人员往往自驱性较强，来自组织赋能和支持的程度较少，如图 6-4 所示。

员工职业成长

自我驱动式的学习→组织目标相匹配的职业成长
高程度的情感感知→吸收和利用组织给予的支持

组织能力

情感支持、物质支持以及管理支持都
相对较少→依靠自身的认知和努力

组织赋能

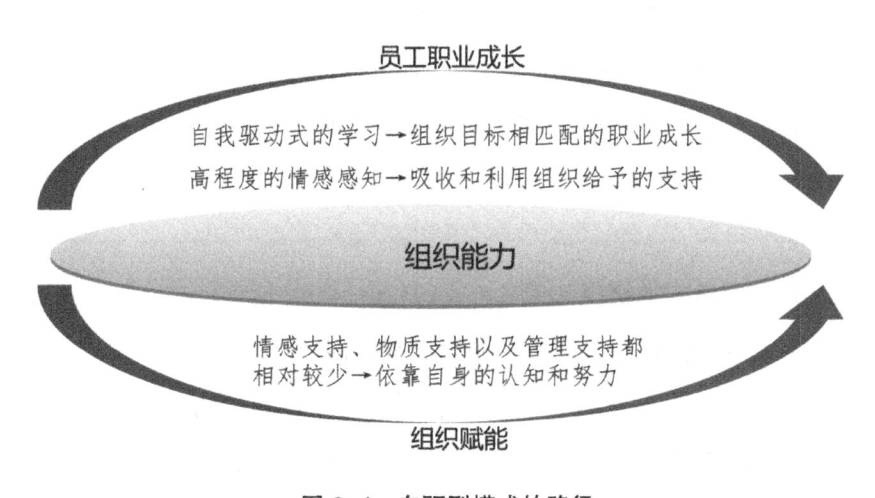

图 6-4 自驱型模式的路径

从员工层面来看，员工职业成长的程度高，一方面体现在员工的学习能力较强，更多的是自我驱动式的学习，关注职业发展路径和公司的任职资格标准，对自身职业生涯能够进行有序的规划，并且从任职资格标准出发提升个人能力，实现与组织目标相匹配的职业成长，提高组织在人才储备方面的能力。另一方面，员工的情感感知有助于组织支持感作用的发挥，具有的情感感知程度越高，就越能更好地吸收和利用组织给予的支持，提高个人能力和组织能力。此外，高员工职业成长也使得员工的主动性更强，更倾向于主动地进行职业生涯规划，形成较高程度的易变职业生涯特征，从而提升组织能力。

从组织层面来看，组织赋能的程度低，也就是组织为员工所提供的情感支持、物质支持以及管理支持都相对较少，员工的职业生涯规划以及任职资格标准大多依靠自身的认知和努力。组织支持感程度低，在一定程度上不利于高科技制造企业组织能力的提升。

总的来说，高科技制造企业的科技人员职业成长程度较高、组织赋能较低，会使得员工更多地依靠自身力量，具备更多的自我驱动要素，员工在具备一定的个人能力进而促进组织能力提升的同时，个体独立性也较强，对组织的依赖感会相应较低，出现人员不稳定、流动性大的特点，在一定程度上离职倾向较高。

2. 效能型模式的路径

Ⅱ区效能型模式具有高员工职业成长、高组织赋能的特征，在这个模式下，高科技制造企业的科技人员往往具备较高的效能，这主要是源于员工个人职业成长能力强，以及组织提供的帮助和支持较高，如图6-5所示。

第六章　策略与建议

员工职业成长

学习能力和学习主动性→以自我为导向的规划倾向
具备较高的情感感知→更好地运用组织资源

组织能力

关注每位员工的状态→员工主动性心理增强
设置多种激励机制→为员工提供动力
提供完善的管理体系→实现职业的长远发展

组织赋能

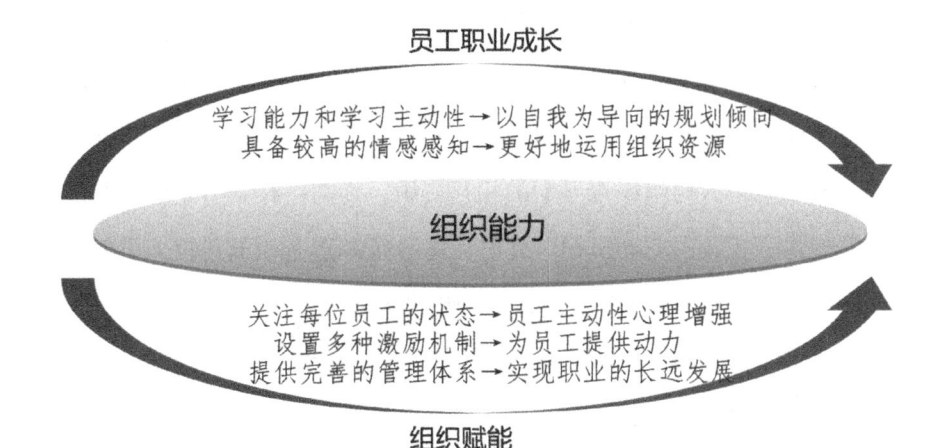

图 6-5　效能型模式的路径

从员工层面来看，员工职业成长的程度高，具备更强的学习能力和学习主动性，在进行职业生涯规划和任职资格标准运用时，会呈现出以自我为导向的规划倾向，以及更强的职业生涯易变性，对组织能力的提升产生积极影响。同时，员工具备较高的情感感知，对组织所提供的帮助感知程度更强，进而会更好地运用组织资源，在提升个人能力的同时提高高科技制造企业的组织能力。

从组织层面来看，组织赋能的程度高，也就是组织为员工提供了较高程度的情感支持、物质支持以及管理支持。在情感支持上，组织积极关注每位员工的状态，通过多种方式与员工进行沟通，掌握员工现状并进行心理交流与鼓励，让员工感受到更多的来自组织的关怀，促使员工主动性心理增强，有利于职业生涯的易变，进而促进组织能力提升。在物质支持上，组织设置多种激励机制，包括为员工提供有竞争力的薪酬以及多样化、丰富化的福利待遇，组织新颖的员工团建活动，进行股权激励等，为员工职业成长提供动力。在管理支持上，组织提供完善的职业生涯管理体系和任职资格管理体系，可以使员工更好地进行职业生涯规划，实现职业的长远发展，从而有利于组织能力的提升。

总的来说，高科技制造企业的科技人员职业成长程度和组织赋能较高，能够使个人有积极发展的组织依据和动力，为其提供职业发展和能力提升的基础。个人与组织双要素的相互交织，为高科技制造企业组织能力的提升提供了积极的驱动机制，此时，高科技制造企业的科技人员能力及素质更强，组织能力也更好，可以实现更高的效能。

3. 一般型模式的路径

Ⅲ区一般型模式具有低员工职业成长、低组织赋能的特征，在这个模式下，高科技制造企业员工层面的职业成长和组织层面的组织赋能，都存在较低的水平，如图6-6所示。

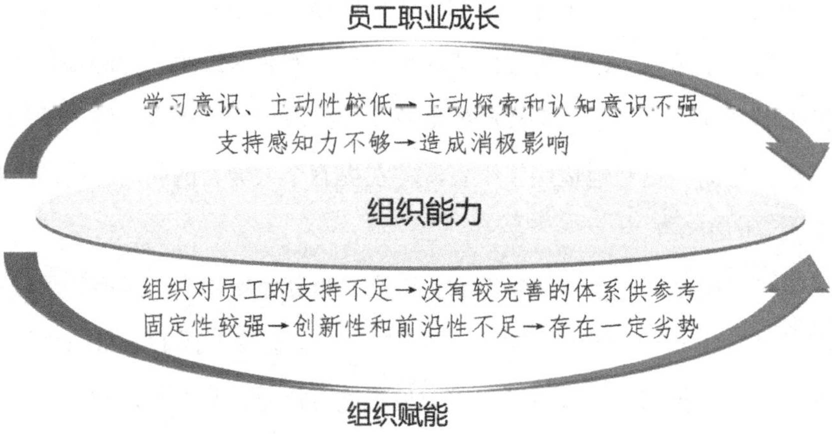

员工职业成长

学习意识、主动性较低→主动探索和认知意识不强
支持感知力不够→造成消极影响

组织能力

组织对员工的支持不足→没有较完善的体系供参考
固定性较强→创新性和前沿性不足→存在一定劣势

组织赋能

图6-6 一般型模式的路径

从员工层面来看，员工职业成长的程度低，也就是高科技制造企业科技人员的学习意识不高，主动性较低，对职业生涯的规划和任职资格标准的主动探索和认知意识不强，对组织所提供的支持感知力度不够，这也对员工个人职业发展和组织能力提升造成了消极影响。

第六章 策略与建议

从组织层面来看，组织赋能的程度低，意味着组织为员工提供的情感支持、物质支持以及管理支持不足。不论是在职业生涯发展通道方面，还是在任职资格管理体系方面，都没有较为完善的体系供员工参考，因而员工的职业生涯固定性较强，创新性和前沿性不足，这也导致处于快速变化时代下的高科技制造企业存在一定的劣势，不利于组织整体能力的提高。

总的来说，高科技制造企业的科技人员职业成长程度和组织赋能较低，会使得员工及组织都不具备创新性，一成不变，难以在高速变化的时代下长久地生存下去，对员工和组织都存在不利影响。

4. 管理型模式的路径

Ⅳ区管理型模式具有低员工职业成长、高组织赋能的特征，在这个模式下，高科技制造企业科技人员通常得到了较多的来自组织的支持与帮助，但个人的职业成长程度较低，如图 6-7 所示。

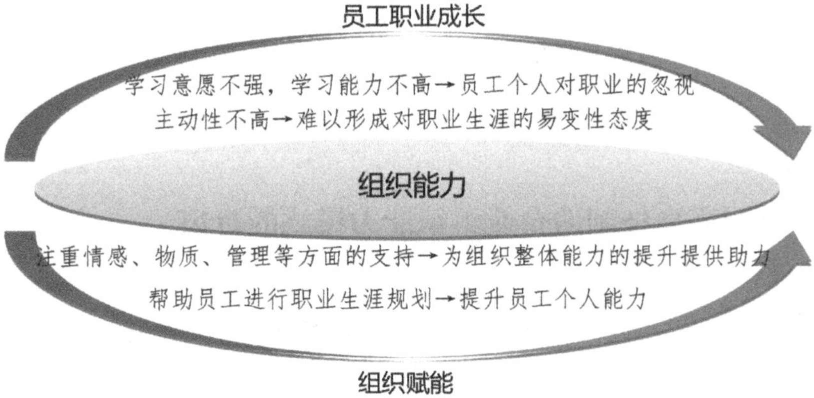

员工职业成长

学习意愿不强，学习能力不高→员工个人对职业的忽视
主动性不高→难以形成对职业生涯的易变性态度

组织能力

注重情感、物质、管理等方面的支持→为组织整体能力的提升提供助力
帮助员工进行职业生涯规划→提升员工个人能力

组织赋能

图 6-7 管理型模式的路径

从员工层面来看，员工职业成长的程度低，也就是高科技制造企业科技人员在组织内部的学习意愿不强，学习能力不高，导致员工个人对职业

生涯规划以及任职资格标准和运用的忽视，同时导致了员工对组织给予的各种支持的感知度较弱。此时，员工个人的主动性不高，难以形成对职业生涯的易变性态度。这些都导致了员工个人能力提升具有一定的缓慢性和艰难性，对处于不确定环境下的高科技制造企业的组织能力提升存在不利影响。

从组织层面来看，组织赋能的程度高，表明组织注重情感、物质、管理等方面的支持，为员工提供更多的交流平台，尽可能地满足员工在物质上的需求，设置创新激励机制，并且为员工提供完备的职业发展通道和任职资格标准，从各方面帮助员工进行职业生涯规划并提升其个人能力，以期为组织整体能力的提升提供助力。

总的来说，高科技制造企业的科技人员职业成长程度较低、组织赋能较高，组织能力的提升更多地依靠组织的管理，员工个人主动性不高。此时，员工得到较多的组织帮助和支持，能够在一定程度上被动地提高自身能力，进而促进组织能力的提升，而员工职业成长的缓慢性、消极性，也使得员工个人能力的提升存在一定的壁垒，减缓了组织能力的提升速度和效率。

三、针对高科技制造企业组织能力模式的对策

本书针对自驱型、效能型、一般型和管理型4种不同的模式，提出了相应的对策。

1. 针对自驱型模式的对策

第一，给予科技人员精准的组织支持。实证研究表明，组织支持感可以正向调节易变职业生涯与组织能力之间的关系，但在自驱型模式下，科

技人员所感知到的组织支持水平不高，具有较大的提升空间和强化的必要性。同时，科技人员的自主性较高，提供相应的组织支持会在很大程度上为科技人员提供助力，从而显著提高组织能力。目前高科技制造企业普遍注重研发创新以及高科技人才的引进，并且通过发放各种福利补贴、股权激励等方式给予组织支持，同时本书还发现价值认同和利益关心对科技人才职业成长的影响更加显著，因此，高科技制造企业需要给予科技人员精准的支持。例如，高科技制造企业的管理者需要定期调研和关注科技人员的需求，根据时代变迁设计有的放矢的组织支持模式；对科技人员的价值认同是组织支持的关键维度，要引导科技人员做更有价值、有意义的工作，建立以价值和贡献为导向的人才评价考核制度；对科技人员付出的努力和取得的成绩给予及时的肯定和发展性评价。

第二，提高人性化管理水平。高科技制造企业应当提高人性化管理水平，切实做到以人为本的管理。组织应当尊重员工的诉求和建议，并尽量满足员工，员工也会相应地积极回报组织。同时，高科技制造企业还可以为员工提供心理咨询，定期疏导和观察员工的心理状态，及时帮助员工进行调整。这样不仅能够使员工感受到组织的关心，提升员工的满意度，还能够及时预防员工的离职倾向，降低人员的流动性。

第三，重视科技人员职业技能培训。在易变职业生涯特征日益明显的社会经济转型期，社会组织与其畏惧优质人力资本流失带来的损失，不如基于环境变化调整角色、整合职能，成为人力资本的开发者、员工职业生涯成功的促进者，主动接纳员工自我职业发展的内在需要（李敏等，2017）。高科技制造企业可以定期组织专业培训，为组织成员的职业发展和能力提升创造条件，提高科技人员运用专业知识和技能解决实际问题的能力，使其获得成就感和自我实现感。

2. 针对效能型模式的对策

第一，不断完善组织职业生涯管理体系。在效能型模式下，高科技制造企业具备较强的组织赋能，在此基础上，高科技制造企业还需要不断完善组织的职业生涯管理机制，管理者需要注重员工职业生涯管理，并在不断发展的过程中更新管理机制。例如，员工非常看重自己的职业发展路径，所以他们在意企业为员工制定的发展计划，因此，企业管理者必须及时给员工提供反馈，建立企业内部的轮岗制度，让员工更好地了解自己，选择真正适合自己的岗位。或者及时向员工提供职业空缺的信息，让员工有竞争性地选择相应的岗位，在企业中员工之间应保持一定的良性竞争，这也是企业积极向上发展必不可少的。

第二，提升组织职业管理水平。易变职业生涯对组织的职业管理水平提出了挑战。高科技制造企业必须创造"选拔人才、培养人才、留住人才"的机制，营造"轻松、和谐、自主"的环境和氛围，帮助科技人员克服职业发展道路上的现实障碍，在组织中实现良好而充分的职业发展，并通过科技人员的职业成长，提升组织竞争力，实现组织能力的增长。一方面，推动组织管理实现规范化和专业化，建立健全激励、考核和监督制度，创造有利于优秀人才脱颖而出的机制，让科技人员能够在公平、合理、有效的环境中工作，同时帮助科技人员最大限度地免受规章制度束缚，保护其创造性，促进科技人员的职业发展，激发组织的发展活力。另一方面，探索一套相对成熟的职业生涯管理模式，分析组织和员工双方的职业发展需求，在尊重员工发展意愿和规划的基础上，通过职业指导和岗前培训使员工明确自身目标和优劣势，产生积极有效的发展行为，充分提升员工与组织、岗位的匹配度，在促进员工职业成长的过程中实现组织的发展。

第三，为科技人员定制个性化职业发展路径。高科技制造企业还可以为科技人员定制个性化发展路径。通过为科技人员定制符合个人职业成长的组织制度、设置合理的职业生涯规划与管理方案等措施提升组织职业生涯管理水平,进而正向影响组织能力。

3. 针对一般型模式的对策

第一,保持科技人员对自身日常工作的高水平认同。对于"双低"的一般型模式来说,从员工层面着手,企业需要采取措施保证科技人员对自身日常工作的高水平认同。一方面,要以组织的使命和愿景为目标,强化科技人员的职业价值意识、职业职能意识和职业道德意识,让他们意识到自己岗位的重要作用。另一方面,可以明确考评奖励标准,激发工作人员的积极性。在结合企业实际运行情况的前提下,进一步建立标准明确的考评机制,并制定有针对性的奖励机制。让每一个为企业工作付出努力的员工都能感受到来自企业的重视,从而激发他们的积极性,提升他们的职业认同感。

第二,培养员工形成学习型人格。从员工层面着手,高科技制造企业还可以培养员工形成学习型人格。高科技制造企业可以根据行业特点和企业现状,对科技人员的职业生涯发展进行规划,并通过学习型组织机制的确定,塑造良好的人才培养机制和管理氛围,培养员工形成学习型人格,提高管理工作的效率和规范性。

另外,科技人员需要树立终身学习的观念,不断接受新观念、新事物,掌握新技能,实施新想法和工作策略,保持自己的学习能力。对此,科技人员可以建立自己的知识网络,与同事或专家共享信息。要寻找与同事、领导共同探讨问题的机会,提出自己的想法,分享别人的经验;与你感兴趣领域的专家保持联系,建立自己的知识管理系统;还可以扩大现有工作内容,寻找更多的有挑战性的工作机会,如参加新的工作团队或新的工作项目组。在不断丰富自己的职业适应能力的同时，提高自己的综合技能。

第三，积极组建信息化的交流途径。高科技制造企业可以积极组建信息化的交流途径。一方面，高科技制造企业可以构建职业化的信息管理系统，并根据企业人力资源的管理情况，通过岗位职能的明确、审查竞聘的及时确定等，积极引入高素质的人力资源，以保证企业各项工作的规范性，为企业的稳步运行及经济发展提供参考。另一方面，在企业的人员培训和信息的交流共享中，需要完善员工审查机制，通过员工聘请标准、资料的审查以及员工岗位职能的分析等，科学调整员工的工作职能，以便充分发挥员工的优势，使员工在信息化的背景下与劳动市场进行融合，为企业人力资源的科学管理提供支持。

4. 针对管理型模式的对策

第一，提高科技人员自我职业生涯管理能力。在管理型模式中，组织赋能较高，而员工职业发展程度较低，对此，高科技制造企业需要致力于提高科技人员自我职业生涯管理能力。一方面，高科技制造企业可以在招聘与选拔管理过程中严格把关，筛选掉自我认知不清、职业目标不明确的员工；在员工成为组织一员后，企业可以运用各种方法和手段（如团队辅导、深造学习等），在新的职业生涯周期继续提升员工自我职业生涯管理水平，进而有利于组织能力的提高。另一方面，在通过强化员工的自我职业生涯管理促进组织能力提升的过程中，应更注重引导、鼓励或强化科技人员形成职业嵌入。职业嵌入更多地依附于员工本身，是进入组织前就形成的一个相对稳定的变量，但是组织也可以通过定期组织技能培训增强员工职业匹配、依赖组织建立更强大的职业网络等方式加强职业嵌入，通过职业嵌入的作用，高效提升个人职业生涯管理能力，进而提高组织能力，达到企业和个人双赢的局面。

第二，给予人才充分的发展空间。高科技制造企业可以给予人才充分的发展空间，主动创造事业留人的良好局面，稳住人才，充分调动科技人员的工作积极性和创造性。组织要更新理念，改变原来的"获得、留住、成长"用人原则，转变为"留住、成长、获得"用人原则，创新人才管理模式，积极选聘培养打造本企业的优秀人才。用人方式上引入竞争机制，破除论资排辈等制度障碍，无论是专业技术人员聘任还是管理干部选拔，在满足基本条件的情况下，都要打破资历、经历等条条框框的制约，让符合条件的员工有机会公平竞争，体现自身职业价值，与组织共同进步与成长。

同时，高科技制造企业要注重员工成长成才引导。组织在引导科技人员职业成长时，既要尊重每一位员工的职业生涯发展规划，又要结合组织目标，为其提供正确的职业路径和科学技能训练，以实现目标。

第三，切实应用任职资格管理标准于组织管理。高科技制造企业需要切实应用任职资格管理标准于组织管理，应用岗位任职资格体系对科技人员定期进行能力评估，确定员工的工作能力和发展潜力，帮助员工制定职业发展规划。根据评估结果，企业可有针对性地提供培训和发展机会，帮助员工提升工作能力和职业素养。应用岗位任职资格体系还可为企业提供员工能力和素质的整体概览，帮助企业更好地管理、开发员工。在人才招聘中，高科技制造企业通过应用岗位任职资格要求，可以更加精确地筛选合适的候选人，从而提高招聘的准确性和效率。岗位任职资格体系中对教育背景、专业技能、工作经验、沟通能力等的要求，明确了招聘候选人应具备的能力和素质。应用岗位任职资格体系进行绩效考核，企业可以将员工的实际表现与岗位任职资格要求进行对比，从而评估员工的岗位表现，更加客观地评估员工绩效，并据此采取相应的奖惩措施。

总之，高科技制造企业组织能力的有效提升需要组织与员工双方的协同配合和共同努力。对此，高科技制造企业需要依照"双向驱动"原则，根据时代特点和自身实际情况，采取行之有效的措施提升组织能力。

/ 第二节 /

研究建议

一、对员工个人的建议

1. 注重与企业管理人员、人力资源负责人员的沟通

职业生涯规划是员工个人发展与组织目标相结合的重要工具，它不仅关乎个人的成长和满足，也是推动组织能力提升的关键因素。有效的职业生涯规划能够帮助员工明确自身的长期职业目标，识别达成这些目标所需的技能和经验，从而在工作中更有目的性和方向性。当员工的职业生涯规划与组织的战略目标相匹配时，可以最大限度地发挥个人潜力，提高工作绩效，进而促进组织整体能力的提升。

个人在进行职业生涯管理时，需要深入思考和评估自己的职业兴趣、技能、价值观以及个人生活目标，并将这些个人因素与组织的需求和发展机会相对接。通过这种方式，员工可以找到与组织共同成长的道路，实现个人与组织的双赢。例如，员工可以通过参与培训和发展项目来提升自己的专业技能，通过承担更具有挑战性的项目来增强自己的问题解决能力，或者通过内部转岗来获得更广泛的工作经验。

同时，组织也应当为员工提供必要的支持和资源，包括清晰的职业发

展路径、及时的反馈和指导，以及公平的晋升机会。组织文化的支持和领导的重视也是职业生涯规划成功的关键。一种开放、包容、鼓励个人发展的组织文化能够激发员工的积极性，增强他们对组织的忠诚度和归属感。

此外，职业生涯规划还应当具有一定的灵活性，以适应组织变化和个人成长的需求。在不断变化的市场环境中，组织的战略方向可能会发生调整，员工的个人兴趣和职业目标也可能随之变化。因此，职业生涯规划应当是一个动态的过程，需要定期评估和调整，以确保个人发展与组织需求始终保持一致。

2. 合理总结职业生涯发展的影响因素

影响职业生涯管理的因素来自多个方面而且比较复杂，它们相互交织，共同作用于个人的职业发展路径。为了有效地进行职业生涯管理，员工首先需要对这些因素进行深入的分析和理解，不仅包括对外部环境的认知，还涉及对自我能力的准确评估。员工应该考虑自己的专业技能、工作经验、发展潜力以及个人职业目标与组织目标的契合度。在此基础上，员工可以制定出符合自己特点和市场需求的职业发展计划。

在选择职业时，除了专业对口和性格匹配之外，个人价值观和兴趣爱好的重要性也不容忽视。一个人的价值观是其决策和行为的内在导向，当个人价值观与职业活动相一致时，就能够在工作中找到更深层次的满足和动力。兴趣爱好则是激发工作热情和创造力的关键因素，能够提高工作效率和质量，增加对职业的忠诚度和满意度。此外，员工在职业生涯管理中还应考虑职业的可持续发展性，包括职业的未来前景、行业发展趋势、个人在该职业中的晋升机会等。同时，也要关注职业对个人生活的影响，如工作与生活的平衡、职业风险等。

3. 结合实际情况，及时调整职业发展方向

在职业生涯的发展过程中，个人的专业水平和素养对于职业成功至关重要，而这些往往是通过持续学习和实践获得的。因此，员工在管理自己的职业生涯时，需要不断地审视自身的成长和企业的发展需求，以便及时调整自己的职业发展目标和路径。要求员工具备高度的自我认知能力，了解自己的优势和劣势，并根据个人职业规划和企业的战略目标做出相应的调整。

为了实现职业生涯的持续进步，员工应该培养强烈的学习意识和自我提升的动力，主动参与企业组织的各类培训和学习活动，这样不仅可以增强专业技能，还能拓宽视野，了解行业的最新动态和未来趋势。这些学习活动是个人职业成长的宝贵机会，能够帮助员工在工作中更加得心应手，提高解决问题的能力，同时也是展现个人潜力和价值的舞台。除了参与企业培训，员工也应该自主寻找学习资源，比如参加行业会议、阅读专业书籍、上网课等，这些都能够促进个人知识的更新和技能的提升。此外，员工还应该学会从日常工作中学习，通过解决实际工作中的难题来提升自己的实战能力。在职业生涯管理中，员工还应该注重个人品牌的建设，通过不断的学习和实践，形成自己独特的专业优势和个人风格。这样不仅能够提高个人在团队中的影响力，也能够在职业发展中获得更多的机会。

二、对企业管理人员的建议

1. 开展灵活性较强的任职资格管理活动

在进行企业的任职资格管理时，应当更注重"帮助与指导"，而非"束缚与限制"。在实证研究中，任职资格标准和任职资格认证两个偏向于规则与限制的因子，并不会对员工的易变职业生涯产生显著的积极影响，

任职资格管理工作的意义在于完善企业的职业发展体系、上升通道，向员工展示更多的职业发展可能性，鼓励并支持员工发掘自身潜力，如果员工发现在企业内部有更适合自己的其他职位，企业的管理者应当积极地帮助其调整工作岗位、适应新的工作岗位。死板生硬的任职资格标准与认证标准会束缚员工的创造性，从源头上切断员工新的发展可能性。灵活性是任职资格体系运作的核心，唯有灵活的任职资格体系，才能使员工将其明确转化为自身的努力方向，增加自身对所从事工作的认同。

企业管理人员应当在企业内开展灵活性较强的任职资格管理活动，完善企业的职业发展通道建设，向企业内的员工进行详细的职业发展指导，向员工宣传告知企业中的各项有关职业发展的规则，定期与员工进行有关个人职业发展的交流，为每一个员工量身定制独特的职业发展方案。鼓励员工在企业内根据自身实际情况更换工作岗位，促进部门内不同职级、跨部门跨职级的人员流动。任职资格认证不应当设置得过于严格、死板，否则将会打击员工们的创造性和选择空间。

2. 对员工的职业生涯管理提供适当的干预和帮助

职业生涯管理是一个颇为复杂的行为，其质量受到若干因素的影响，但它对促进组织能力的提升和易变职业生涯有非常积极的影响。对于高科技企业的研发人员来说，必须让自身产生对所从事事业的认同，从员工家庭、员工所在企业两个层面营造支持员工工作的良好氛围，这能够使员工坚定职业生涯发展的信念，排除后顾之忧。职业生涯管理更看重的是职业作用、长远的发展意义，因此有必要向研发人员充分介绍其工作岗位的重要性、对企业运营发挥的作用，使员工对自己所从事工作的长远意义有基本的认知。在此基础上开展职业生涯管理，能够起到更好的效果。

对此，企业管理人员还应当向员工认真介绍其工作岗位的重要性及其对企业整体运营发挥的作用，使员工对自己所从事工作的长远意义有基本的认知。对于员工目前所从事的工作，可以适当采取"手段"使其看上去更加"光鲜"，满足员工较高层次的社会地位、受人尊重的需求，在员工的家人、社交圈中展现其工作的价值和亮点，使员工的职业生涯规划拥有更多的环境因素支持。企业管理人员可以在与员工的沟通中帮助其进行职业生涯规划，引导员工的个人职业生涯规划与企业的经营目标趋于一致，从而使员工们的个人力量成为推动企业整体组织能力提升的合力。

3. 识别并维系具有易变职业生涯意识的员工

易变职业生涯并不是指员工轻易地做出跳槽离职的决定，其本质上是指员工有更强的适应新环境的能力，能够更好地应对工作中的挑战，有平衡工作与生活的能力。这种灵活适应环境的能力不仅有助于主观职业成功，更是个体在完成工作任务中应对各种变化、挑战的关键因素。更何况，灵活应变本来就是大多数企业人力资源所追求的，比起那些不懂变通、拒绝或害怕变化的人，灵活工作能力是一种稀缺资源，其价值是其他一般人力资本所不能取代的。可见，组织是能够从员工的易变职业生涯中获利的，有易变职业生涯意识的员工往往工作能力更强，另外，任何人都希望可以工作稳定，尽量不发生工作变动，有易变职业生涯意识的员工会更有危机意识，对市场的认知更加客观全面，因此他们希望可以在现有的工作岗位中尽心尽力，在企业中展现出自身的价值，从而使自己的工作趋于稳定。因此，企业会逐渐形成竞争优势，增强组织能力。

企业人力资源管理实践中，应对这类人才给予更多的关注，考虑组织利益的同时也要尽可能兼顾雇员个体职业发展需要，努力营造双赢的局面。

4. 全面认识并合理利用组织支持感的作用机制

管理者需要更加全面地认识组织支持感的作用机制。企业管理人员可以为员工提供平等参与和授权的工作环境，在团队中创造一种开放沟通、知识共享、信任协作的集体工作氛围，促进团队默契的形成。在管理实践中，领导者要尽量对所有成员一视同仁，鼓励下属互信交流，让员工在感受到组织支持的同时，形成一种"心照不宣"的合作默契。例如神州数码、天合光能、海光信息等这样的大型企业，都积极地为员工创造包容开放的企业氛围，促进员工与员工、员工与领导之间的沟通。

第六章 策略与建议

本章小结

本章基于波士顿矩阵构造高科技制造企业组织能力模式，划分出自驱型、效能型、一般型以及管理型 4 种模式，阐明这 4 种模式的实现路径，并针对 4 种模式提出对策，最后根据研究结论从员工个人和企业管理人员的角度对企业管理提出相应的建议。对员工个人而言，一是要注重与企业管理人员、人力资源负责人员的沟通，二是要合理总结职业生涯发展的影响因素，三是要结合实际情况，及时调整职业发展方向。对企业管理人员而言，一是要开展灵活性较强的任职资格管理活动，二是要对员工的职业生涯管理提供适当的干预和帮助，三是要识别并维系具有易变职业生涯意识的员工，四是要全面认识并合理利用组织支持感的作用机制。

第七章
结论与展望

　　本章对前文研究所得出的结论进行梳理讨论,并阐述本书在问卷调查、变量测度、中介变量选择等方面的不足之处,基于不足之处对未来的研究进行了展望。

第七章　结论与展望

/ 第一节 /
研究结论

本书以高科技制造企业的研发人员为研究对象，在文献回顾的基础上，以465份有效调查问卷获取的数据为研究样本，运用因子分析和多元回归实证剖析了职业生涯管理、任职资格管理、易变职业生涯与组织能力之间的交互关系和作用机理，有助于识别易变职业生涯的前因变量和结果变量，为高科技制造企业提升组织能力的创新路径提供了理论依据。基于上述文献分析和实证分析结果，研究结论如下。

第一，我国高科技制造企业的组织能力发展状况较好。本书对我国高科技制造企业的组织能力现状进行了分析。所收集的来自23个省（直辖市、特别行政区）的高科技制造企业的问卷数据，调查对象涵盖了我国不同区域、不同发展水平地区的企业，问卷填写者均为企业的各级管理者，因此对企业的组织能力现状有较为清晰的认知，从行业地位和企业氛围两个维度对企业的组织能力进行了客观评价。数据分析表明，受访的大多数高科技企业的组织能力发展状况较好，这是由企业的行业性质所决定的，高科技制造行业市场竞争激烈，更新迭代较快，因此这类企业如果想要在市场中生存必须具备较强的组织能力。然而不同企业的组织能力的分化也较为显著，不同地区企业的组织能力水平有所差异，经济发展水平较高的珠三角地区、长三角地区、高科技制造企业的组织能力相对其他企业地区较高，而西部地区、中部地区的部分企业组织能力仍有待提高。造成不同企业组织能力差异的原因，正是本书需要探讨的问题。

第二，员工的职业生涯管理对组织能力发展起到积极作用。本书对组织能力的前因机制进行了研究。职业生涯管理及其因子环境因素、自身因素和职业因素，任职资格管理及其因子任职资格标准、任职资格认证、任职资格体系运作，与组织能力均呈显著正相关的关系。员工加强职业生涯管理，可以提升个人工作能力从而带动组织整体绩效的提升，而企业加强任职资格管理，有利于规范员工个人行为，优化企业氛围，将任职资格作为自身的工作动力。易变职业生涯及其因子职业认同度、职业平衡性与组织能力均呈显著正相关的关系，但职业社会地位与组织能力的关系并不显著。

一方面，职业生涯管理对员工的工作心理和行为有积极的影响，主要表现为职业生涯管理水平较高的员工会有更好的工作绩效表现、更高的工作满意度、更高的工作投入以及更低的离职倾向，个体工作能力的增强上升至整个组织环境，组织能力便会有所提升。另一方面，任职资格管理就是向员工提供职业指导和帮助的过程，通过任职资格管理，将员工的具体工作行为转化为任职资格标准，同时在员工中推广、宣传任职资格管理工作的流程，能够实现员工个人职业生涯发展规划与组织发展的融合统一，从而促进组织能力的提升。

此外，易变职业生涯正向促进组织能力的提高，原因在于它可以促使员工个人更善于整合周边资源提升职业发展能力，使员工产生对企业的依赖和认同，但这一作用与职业本身的性质无关，职业认同度和职业平衡性可以提升组织能力。

第三，职业生涯管理与任职资格管理有助于员工更加依靠自身实现职

第七章 结论与展望

业发展。本书对员工易变职业生涯的前因机制和影响开展了实证研究。构建了易变职业生涯与组织能力的分析框架模型，建立了"职业生涯管理、任职资格管理（自变量）—易变职业生涯（中介变量）—组织能力（因变量）"之间的关系模型与作用路径，对易变职业生涯的前因变量和企业的组织能力模式同时开展研究，并从理论和实证角度进行分析论证，丰富了有关易变职业生涯的研究内容，并为后续研究提供了新的视野。本书将易变职业生涯分为职业认同度、职业社会地位和职业平衡性3个维度进行量化实证分析。职业生涯管理及其因子环境因素、自身因素和职业因素，任职资格管理及其因子任职资格标准、任职资格认证、任职资格体系运作，对易变职业生涯均具有显著的正向影响。这表明，对于高科技制造企业来说，要从辅助员工进行职业生涯管理、加强任职资格体系建设入手提升员工易变职业生涯，要给予员工更多的帮助，向员工呈现更多的发展可能性，从而提升员工对企业的认同感和忠诚度。易变职业生涯与组织能力具有显著的正相关关系，具有易变职业生涯意识的员工往往具有更强的工作能力，倾向于自觉自发地去完成应该完成的工作和任务，在工作中充分发挥自身的主观能动性，使工作可以更加顺畅地开展。

第四，易变职业生涯有助于实现个体自我生涯发展和组织职业管理的协同。本书验证了易变职业生涯的中介作用。在易变职业生涯背景下，组织职业管理的目标和实践着眼于唤醒和激励个体对自我职业成长的内动力，从而实现个体自我生涯发展和组织职业管理的协同。易变职业生涯在职业生涯管理、任职资格管理与组织能力之间起部分中介作用，这揭示了职业生涯管理、任职资格管理影响组织能力的内在作用机制。具有易变职业生涯观念的员工对于企业任职资格管理和职业生涯管理的敏感度是不同的，一个灵活、弹性的任职资格管理体系能够使这类员工的能力得到最大的发挥，帮助他们找到与自身实力最为匹配的工作岗位，实现人岗匹配、人尽其用，从而使组织能力得到增强。这表明，在高科技制造企业中，善于进行职业生涯管理的员工和任职资格管理体系完善的企业，可以通过增强易变职业生涯意识来提高组织能力。

易变职业生涯意味着员工职业态度上有着"自私"的想法，但他们确实有着与众不同的"职业生涯发展资本"，来自组织的真诚帮助是能够"打动"他们的。因为，对这类雇员来说，忠诚于自己的职业是必然的，组织载体可以根据自身职业生涯规划需要进行"变换"。不过，如果当前组织能够满足个体职业生涯发展的需要，那自然就没必要徒增"变换"的烦恼和机会成本。组织为了留住工作能力强的员工，需要优化工作环境，对企业的未来发展做出合理规划，向员工展现出良好的职业生涯发展前景，而这些员工也倾向于在职业发展前景更好的环境中工作，在这样的企业中进行创造性研发以展现自身价值，希望可以长期稳定地在该岗位工作，这就形成了组织与员工之间的良性双向选择，这种双向选择的结果就是，员工提升了个人工作能力，实现了个人职业生涯发展目标，同时组织能力也大大增强。

第五，组织支持感具备较高的情感资源力量。本书验证了组织支持感的调节作用，组织支持感在易变职业生涯与组织能力之间起到正向调节作用。组织支持感程度高的员工对组织的信任和归属感也就越高，从而激发员工将个人职业目标与组织目标相结合，更积极地为组织做贡献。当员工感受到组织的支持和重视时，即便他们追求的是自我导向和价值驱动的职业生涯发展，也会更愿意投入组织的创新和长期发展中。组织支持感作为一种心理资源，有助于员工应对职业发展中的不确定性和挑战，减少职业应激，进而维持和提升其工作绩效和创造力，这些都是组织能力的关键组成部分。因此，组织支持感在促进员工职业生涯发展的同时，也对组织能力的构建和维持起到了至关重要的作用。

第七章 结论与展望

第六，高科技制造企业提升组织能力具有多路径。本书提出了高科技制造企业提升组织能力的路径和对员工、企业管理人员的建议。高科技制造企业提升组织能力具有以下可行路径：可以通过组织能力的前因变量职业生涯管理、任职资格管理直接驱动组织能力的提升，找准职业生涯管理的切入点，并以"帮助与支持"的原则进行任职资格管理，也可以通过职业生涯管理、任职资格管理的创新驱动易变职业生涯，再通过易变职业生涯驱动组织能力的提升。员工个人要注重与企业管理人员、人力资源负责人员的沟通，合理总结职业生涯发展的影响因素，结合实际情况，及时调整职业发展方向。企业管理人员应开展灵活性较强的任职资格管理活动，对员工的职业生涯管理提供适当的干预和帮助，识别并维系具有易变职业生涯意识的员工。

/ 第二节 /

研究的不足

虽然本书的研究建立在笔者多年的经验基础上，也是笔者在系统研究相关学者关于组织能力方面研究成果上获得的认知，但囿于能力上的诸多不足以及个人视角问题，本书的研究也存在一定的局限性。

第一，问卷调查的局限性。本书的调查问卷是基于本书研究的主线以及验证前提假设为主要目的而设计的，因而不可避免地会对题项的描述方面有所倾向，题项设计不可避免地存在一定程度的利于本书目的的倾向，存在一定的个人主观性。虽然笔者在收集问卷时有意识地扩充被调查对象的范围，但选择的样本更多的是过往服务过的中国高科技制造企业的客户，因而数据的采集也未必能涵盖多个维度、多种群体，且受被调查人学识、经验及个人认知问题的影响，其在填写问卷时主观能动性或随意性也难以彻底杜绝，这也造成了本书的潜在局限性。

第二，变量测度的局限性。本书对组织能力、易变职业生涯、任职资格管理、职业生涯管理、组织支持感等概念的测量主要是借鉴国内外权威期刊上相关领域已有的理论成果，虽然对本书的研究权威性和可靠性提供了一定保障，但组织能力的发展与研究是动态的，相关概念未必完全符合当下经济环境与研究情境，可能会导致本书研究的变量测度创新性不足。

第七章 结论与展望

本书采用的量表仍是国际上常规的研究量表，在使用时与我国文化、时间与语言上存在一定的差异，因此问卷收集过程中的误差与潜在影响是必然存在的。对于量表中题项的选择与设计虽然遵从前人研究的路径略微进行调整，但依旧存在偏差的可能性。在设计量表的过程中虽然与导师反复进行推敲，并进行信度与效度的检验，但对于先入为主的调研来说局限性依然存在。

第三，中介变量选择的局限性。本书的研究源于笔者在工作与学习中的感受，以及吸收过往学者研究成果基础上获得的启发，认为中国高科技制造企业研发体系员工的职业生涯管理和任职资格管理可以对研发体系员工的易变职业生涯带来影响，继而提升中国高科技制造企业的组织能力，其中职业生涯管理和任职资格管理是自变量，组织能力是因变量，而易变职业生涯则属于中介变量，其中介作用在于职业生涯管理和任职资格管理能够影响易变职业生涯，进而影响组织能力。对于其他中介变量在组织能力、职业生涯管理、任职资格管理间的中介作用关系，本书的研究并未涉及，因此可能在组织能力影响因素层面存在片面性。

第三节

未来展望

组织能力是企业或其他组织在实现其战略目标和长期发展过程中所展现的综合实力，它是组织成功的重要基石。对于高科技制造企业而言，如何更好地提升组织能力是其应该关注的重点之一。因此，本书对高科技制造企业的影响因素进行了探究。除此之外，对该方向的研究还有以下几点展望。

第一，研究视角。提升组织能力的创新角度有很多，本书考虑了职业生涯管理、任职资格管理、易变职业生涯等变量，实际上影响组织能力的因素还有很多，后续还可以考虑组织嵌入、领导行为、组织创新、组织学习等变量，更加全面地探索组织能力的前因机制。

第二，研究方法。本书针对所有调查对象的数据统一进行数据分析，然而不同行业、不同规模、不同发展阶段的企业员工职业生涯规划的作用和影响都有所差异，因此后续研究可以从多个维度、多个角度进行深入的研讨，例如对不同行业、不同规模的企业进行分类讨论，或讨论相同企业在不同发展阶段任职资格管理的不同效果，更加全面地研究任职资格管理、职业生涯管理和组织能力之间的作用机理。

总之，后续的研究思路并不限于此，关于组织能力的研究课题还有更多、更广的领域可供选择。

本章小结

本章归纳总结了全书的研究内容与结论,而后针对本书研究的不足之处以及未来展望进行说明。其中,从问卷调查、变量测度、中介变量选择等方面阐释了本书的不足之处,并且提出,未来的研究可以从研究视角和研究方法两个层面出发,考虑得更加全面一些。

参考文献

[1] 白艳莉.个体职业生涯发展理论视角下的知识员工敬业度提升策略[J].统计与决策,2010(22):48-50.

[2] 白艳莉.无边界职业生涯时代的职业生涯管理[J].中国人力资源开发,2007(4):4-8.

[3] 曹鹏,邢明强.新生代员工感情承诺对组织学习能力和工作绩效的影响研究:组织文化的中介作用[J].河北经贸大学学报,2020,41(3):99-108.

[4] 常玉,王莉,李雪玲.市场知识与技术知识协同的影响因素研究[J].科技进步与对策,2011,28(6):138-141.

[5] 陈建勋,王凤彬,张婷婷.控制机制对组织能力的影响路径研究——基于组织情境视角的实证检验[J].管理评论,2012,24(10):117-124.

[6] 陈卫旗,王重鸣.人-职务匹配、人-组织匹配对员工工作态度的效应机制研究[J].心理科学,2007(4):979-981.

[7] 陈小平,肖鸣政.高承诺人力资源实践与科技企业绩效——有调节的中介模型[J].科技管理研究,2020,40(8):156-165.

[8] 陈英梅.组织双元能力对技术跨越的影响机理研究——技术生态位中介作用及组织敏捷性调节作用[J].技术经济与管理研究,2021(2):15-18.

[9] 春潮,高奎亭.困境与破局:体育强国建设背景下我国体育社会组

织改革路径研究[J].天津体育学院学报,2021,36(4):393-398.

[10] 丛龙峰,吴青阳.张建国:华为的可持续发展系于人力资源管理价值链[J].中国人力资源开发,2014(6):57-66.

[11] 崔宝琛,彭华民.社会工作专业学生"管道泄漏"——职业选择多元化的现象透视、逻辑溯源与调试路径[J].社会工作,2019(3):53-67+110-111.

[12] 邓旭东,蒋黎.个体差异、组织支持感与员工绩效[J].财会通讯,2022(10):88-91.

[13] 翟羽佳,刘彧彧,袁艺玮.情境变化感知与自我认知调整:临退休专业人员工作动机探究——基于扎根理论的分析[J].中国人力资源开发,2018,35(7):123-133.

[14] 董元吉,周月华,刘成,等.组织支持感对高校辅导员职业能力的影响——职业认同的中介作用[J].教育理论与实践,2024,44(3):38-42.

[15] 杜军,吴霁君,罗青青,等.构建军队心理卫生人员职业生涯管理指标体系的质性研究[J].陆军军医大学学报,2023,45(22):2388-2395.

[16] 杜丽,毛红波.三级医院临床护士组织职业生涯管理感知水平及影响因素研究[J].护理学杂志,2020,35(16):11-14.

[17] 冯静颖.高校行政管理岗位任职资格体系的构建[J].中国高教研究,2012(8):80-83.

[18] 高中华,麻芳菲,谭瑾.易变职业生涯定向:研究回顾与展望[J].心理科学,2018,41(5):1221-1226.

[19] 巩振兴,张娜,李精精,等.职业乐观对组织承诺、求职行为的影响:有调节的中介模型[J].心理学探新,2022,42(1):83-90.

参考文献

[20] 顾洁，胡庆华，荆磊.新形势下药学博士专业学位研究生培养模式探索[J].学位与研究生教育，2023（12）：40-47.

[21] 关翩翩，李敏.生涯建构理论：内涵、框架与应用[J].心理科学进展，2015，23（12）：2177-2186.

[22] 韩雪，厉杰.我的职业我做主：使命感对职业生涯自我管理的影响研究[J].中国人力资源开发，2018，35（9）：6-15.

[23] 郝冬梅，赵煜，朱焕卿.组织职业生涯管理与员工离职意向：情感承诺的中介作用[J].兰州大学学报（社会科学版），2016，44（1）：171-178.

[24] 何志伟，孙新波.组织支持感、感知环境不确定性对接包方持续参与意愿的影响研究[J].管理学报，2023，20（2）：181-190.

[25] 胡京波，欧阳桃花，曾德麟，等.创新生态系统的核心企业创新悖论管理案例研究：双元能力视角[J].管理评论，2018，30（8）：291-305.

[26] 江旭，潘珂.组织能力、国际创业与国际化绩效[J].管理评论，2022，34（6）：76-89.

[27] 可星，张琳玲，彭靖里.企业组织能力系统涌现性度量模型及实证研究[J].科研管理，2020，41（8）：181-192.

[28] 李磊，尚玉钒，席西民.基于调节焦点理论的领导语言框架对下属创造力的影响研究[J].科研管理，2012，33（1）：127-137.

[29] 李磊，席西民，尚玉钒，等.基于调节焦点理论的领导反馈对下属创造力影响分析[J].系统工程理论与实践，2013，33（9）：2280-2291.

[30] 李玲.新员工胜任力提升路径分析——基于无边界职业生涯理论[J].领导科学，2020（6）：80-82.

[31] 李敏，关翩翩，蔡惠如.组织如何从雇员易变职业观中获益：个

/ 249

体生涯建构的视角 [J]. 中国人力资源开发，2017（1）：66-73.

[32] 李树文，罗瑾琏. 组织能力与外部环境如何促进产品创新？基于生命周期的组态分析 [J]. 科学学与科学技术管理，2020，41（10）：105-118.

[33] 李晓林，娄贺仁，王欣，等. 天津互联网从业人员组织支持感、职业紧张与工作满意度的相关性调查 [J]. 中国慢性病预防与控制，2021，29（6）：442-446.

[34] 李鑫，孙清华. SHRM 对企业绩效影响机理的实证研究——基于山东省 151 家企业的问卷调查 [J]. 管理工程学报，2010，24（3）：50-54.

[35] 李云，李锡元. 员工自我职业生涯管理研究述评与展望 [J]. 技术经济与管理研究，2016，(1)：54-58.

[36] 李云，李锡元. 自我职业生涯管理与经理人职业成长——劳动关系氛围与组织结构的权变影响 [J]. 科研管理，2017，38（1）：100-108.

[37] 梁青青. 知识型员工绩效影响因素的实证研究——基于职业生涯管理、组织承诺与敬业度的视角 [J]. 技术经济与管理研究，2017（5）：65-69.

[38] 廖英，刘存. 企业转型过程中的组织能力建设——以 Y 公司为案例 [J]. 中国人力资源开发，2017（5）：115-120.

[39] 林春雷，刘瑶，王禹斐. 创新驱动下医药企业实现高质量发展目标——基于万孚生物的案例 [J]. 财会通讯，2024（8）：103-110.

[40] 凌文辁，杨海军，方俐洛. 企业员工的组织支持感 [J]. 心理学报，2006，38（2）：281-287.

[41] 刘春妮，王静，赵海燕，等. 三级甲等医院护士职业延迟满足、职业生涯管理及职业认同的相关性研究 [J]. 护理研究，2023，37（8）：1380-1384.

[42] 刘华芹, 黄茜, 古继宝. 无边界职业生涯时代员工心理因素对职业成功的影响——自我职业生涯管理的中介作用 [J]. 大连理工大学学报（社会科学版）, 2013, 34（1）: 30-35.

[43] 刘美玲, 朱发仓. 外部时机、组织能力与后发企业换道超越 [J]. 广西社会科学, 2023（5）: 135-143.

[44] 刘丝雨, 吴志岩, 许庆瑞. 基于绩效反馈机制的组织能力重构研究 [J]. 系统工程理论与实践, 2016, 36（11）: 2853-2866.

[45] 刘旸. 无边界职业生涯：技术驱动下传媒人职业转换的多重路径 [J]. 编辑之友, 2020（9）: 89-93.

[46] 刘玉新, 朱楠, 陈晨, 等. 员工何以蓬勃旺盛？影响工作旺盛感的组织情境与理论模型 [J]. 心理科学进展, 2019, 27（12）: 2122-2132.

[47] 龙立荣, 方俐洛, 凌文辁. 企业员工自我职业生涯管理的结构及关系 [J]. 心理学报, 2002a, 34（2）: 183-191.

[48] 龙立荣, 方俐洛, 凌文辁. 组织职业生涯管理及效果的实证研究 [J]. 管理科学学报, 2002b, 5（4）: 61-67.

[49] 陆丹, 王丹, 姜骞. 数字时代战略性人力资源管理困境与消解：基于 SECI 知识创造视角 [J]. 改革, 2023（9）: 129-137.

[50] 逯野, 马钦海, 周天舒, 等. 自我职业生涯管理对员工美感劳动的作用研究 [J]. 管理学报, 2023, 20（1）: 56-65.

[51] 罗亮梅. 强将弱兵状态下提升组织能力的现实路径：双元能力理论视角 [J]. 领导科学, 2019（14）: 93-95.

[52] 吕杰, 徐延庆. 无边界职业生涯研究演进探析与未来展望 [J]. 外国经济与管理, 2010, 32（9）: 37-44.

[53] 吕霄, 樊耘, 马贵梅, 等. 内在职业目标与个性化交易及对员工创新行为的影响机制——基于社会认知理论的研究 [J]. 管理评论, 2020,

32（3）：203-214.

[54] 马鸿佳，韩妹婷，陈欣.何种能力组态能够带来企业竞争优势？——动态环境下新创企业与成熟企业的比较[J].研究与发展管理，2023，35（3）：111-123.

[55] 马鸿佳，吴娟，郭海，等.创业领域即兴行为研究：前因、结果及边界条件[J].管理世界，2021，37（5）：211-229+15.

[56] 马璐，谢鹏，韦依依.下属默契对员工主动担责行为的影响研究——目标清晰度中介效应与组织支持感调节效应[J].中国软科学，2020（2）：129-137.

[57] 宁甜甜，张再生.无边界职业生涯时代个体职业成功影响因素研究——基于工作敬业度的中介效应[J].大连理工大学学报（社会科学版），2014，35（4）：44-49.

[58] 牛莉霞，乔亚凡，夏文德.绩效压力对工作繁荣的"双刃剑"效应：工作反刍和组织支持感的作用[J].中国人力资源开发，2024，41（3）：21-34.

[59] 牛爽，郭文臣.无边界职业生涯时代职业适应能力与职业成功关系探析[J].大连理工大学学报（社会科学版），2009，30（1）：34-39.

[60] 潘磊.IT企业人才流失问题分析及对策[J].社会科学家，2021（7）：88-91.

[61] 庞涛，王重鸣.知识经济背景下的无边界职业生涯研究进展[J].科学学与科学技术管理，2003（3）：58-61.

[62] 裴劲松，王洋，焦自英.灵活就业——无边界职业生涯时代大学生的新型就业模式[J].北京交通大学学报（社会科学版），2012，11（4）：118-122.

[63] 钱桂香，潘乃林，李悦，等.基于胜任力的二级医院护士长岗位

任职资格体系研究[J]. 护理研究, 2012, 26（35）: 3333-3335.

[64] 乔永胜, 乔日升, 陈丽红. 参与型领导对团队绩效的影响: 组织支持感与下属默契的跨层链式中介作用[J]. 管理评论, 2023, 35（3）: 196-206.

[65] 荣幸, 李健. 党组织嵌入提升了社会组织能力吗？——来自B市基金会的经验证据[J]. 经济社会体制比较, 2023, 225（1）: 105-115.

[66] 邵建平, 张建平. 团队波士顿矩阵的构建与应用[J]. 华东经济管理, 2008（6）: 85-87.

[67] 盛宇华, 邓勇锋. 生涯适应力对员工创新行为的影响研究: 基于生涯建构理论[J]. 中国人力资源开发, 2021, 38（9）: 33-44.

[68] 宋国学. 职业生涯韧性对职业-组织双重承诺的作用机理[J]. 科研管理, 2021, 42（3）: 201-208.

[69] 宋源. 人力资源实践满意度与员工建言行为关系研究——员工心理安全感的中介作用分析[J]. 技术经济与管理研究, 2016（8）: 65-70.

[70] 苏蒙, 张玉红, 田惠东, 等. 组织支持感与特殊教育教师教学正念的关系: 有调节的中介作用[J]. 中国特殊教育, 2024（2）: 74-81+89.

[71] 孙芳城, 曾玲, 钟廷勇. CEO财务专长、职业生涯关注与企业风险[J]. 金融经济学研究, 2020, 35（2）: 150-160.

[72] 汤伟娜, 闫舒迪, 刘追. 电子领导力、组织支持感与员工工作满意度的影响机制研究[J]. 领导科学, 2017（17）: 43-45.

[73] 童举希, 王峥, 杜晴. 基于职业生涯管理的苏州高素质农民队伍建设路径研究[J]. 江苏农业科学, 2021, 49（24）: 9-15.

[74] 王丹, 郑晓明. 无边界职业生涯时代大学生生涯发展探析[J]. 社会科学战线, 2020（12）: 276-280.

[75] 王冠鹏, 秦双燕, 崔恒建. 员工流失的影响因素分析与预测[J]. 系

统科学与数学，2022，42（6）：1616-1632.

[76] 王海江，邹浩云，潘锦，等.向内还是向外发展？组织变革对自我职业生涯管理的影响[J].中国人力资源开发，2021，38（5）：45-57.

[77] 王华，缴润凯.大学生职业生涯管理能力问卷的编制及信效度检验[J].心理与行为研究，2017，15(06)：793-798.

[78] 王进富，朱玉丹，张颖颖，等.科研人员职务科技成果赋权、组织能力与衍生创业间关系研究[J].科技进步与对策，2021，38（20）：111-120.

[79] 王磊.构建基于胜任力的国有企业任职资格体系[J].中国人力资源开发，2012（10）：73-75+94.

[80] 王明辉，张梦园，赵国祥.员工组织社会化对其合作行为的作用机制——组织支持感和内部人身份感知的中介作用[J].河南师范大学学报（哲学社会科学版），2021，48（6）：93-99.

[81] 王琼.职业可续视角下的工作重塑行为研究：动力、路径及干预机制[J].心理科学进展，2022，30（3）：499-510.

[82] 王婷，杨付.无边界职业生涯下职业成功的诱因与机制[J].心理科学进展，2018，26（8）：1488-1500.

[83] 王薇.高管团队视角下双元组织能力开发与绩效传导机制研究[J].领导科学，2018（26）：41-43.

[84] 王义，任君庆.高职院校教务处长任职资格特征探析——基于100所国家示范性高职院校教务处长的调查[J].中国职业技术教育，2018（23）：18-22.

[85] 王玥琳，施国庆.财务分析对企业发展的三大支持作用[J].财会月刊，2017（31）：112-117.

[86] 王志鸿，姜海.科技期刊编辑"Y"型职业发展双通道建设——以

《电力系统自动化》杂志社为例[J]. 编辑学报，2021，33（2）：213-217.

[87] 王忠军，黄蜜，王仁华. 无边界职业生涯时代不同代际员工组织承诺的影响因素[J]. 中国人力资源开发，2017（5）：6-17.

[88] 王忠军，温琳，龙立荣. 无边界职业生涯研究：二十年回顾与展望[J]. 心理科学，2015，38（1）：243-248.

[89] 王忠军，杨彬，汪义广，等. 无边界职业生涯取向与青年员工职业成功：职业胜任力的中介作用[J]. 心理与行为研究，2020，18（6）：812-818.

[90] 魏巍，黄杜鹃，韩志勇，等. 趋近还是回避：无边界职业生涯对零工劳动者职业成功的影响[J]. 经济与管理研究，2023，44（7）：75-89.

[91] 温瑶，李纯青，王正斌. 创业企业身份构建与创业融资——量表开发及组态分析[J]. 科技进步与对策，2024（10）：24-34.

[92] 温忠麟，叶宝娟. 中介效应分析：方法和模型发展[J]. 心理科学进展，2014，22（5）：731-745.

[93] 温忠麟，张雷，侯杰泰，等. 中介效应检验程序及其应用[J]. 心理学报，2004（5）：614-620.

[94] 翁清雄，卞泽娟. 组织职业生涯管理与员工职业成长：基于匹配理论的研究[J]. 外国经济与管理，2015，37（8）：30-42.

[95] 翁清雄. 自我职业生涯管理对职业决策质量的作用机制[J]. 管理评论，2010，22（1）：82-93.

[96] 吴春波. 华为的素质模型和任职资格管理体系[J]. 中国人力资源开发，2010（8）：62-64.

[97] 吴昊，杨东涛. 无边界职涯背景下的离职：重回决策者中心[J]. 心理科学进展，2015，23（2）：289-302.

[98] 吴俊杰，戴勇. 企业家社会网络、组织能力与集群企业成长绩效

[J]. 管理学报，2013，10（4）：516-523.

[99] 吴仲达，梁婧涵，陆昌勤. 可持续职业生涯：概念、管理策略与研究展望[J]. 外国经济与管理，2023，45（6）：68-83.

[100] 武立东，李思嘉，王晗，等. 基于"公司治理-组织能力"组态模型的制造业企业数字化转型进阶机制研究[J]. 南开管理评论，2023，9（11）：1-27.

[101] 武守强，刘超. 人力资源管理契合性、组织能力与企业绩效——以HC公司为案例[J]. 中国人力资源开发，2016（16）：54-60.

[102] 武守强，王子衿，张庆红. 支持性人力资源实践如何发挥作用？——基于组织能力视角的多案例研究[J]. 中国人力资源开发，2017（8）：125-136.

[103] 奚雷，彭灿，李德强. 高管团队行为整合对双元创新的影响：组织能力的中介作用和批判性反思的调节作用[J]. 运筹与管理，2024，33（2）：233-239.

[104] 谢志勇，王红. 乡村教师数字化持续专业发展对数字化教学素养的影响——组织支持感和数字化教学自我效能感的中介作用[J]. 华南师范大学学报（社会科学版），2024（1）：105-116+206.

[105] 辛迅，余璇. 员工新职业生涯取向对组织情感承诺的差异化影响研究[J]. 软科学，2018，32（2）：115-118+138.

[106] 徐辉. 什么才是真正的"非升即走"——评聘分离方针下高校"非升即走"制度的困境与反思[J]. 内蒙古社会科学，2022，43（5）：183-189.

[107] 徐万里，钱锡红，孙海法. 动态能力、微观能动主体与组织能力提升[J]. 经济管理，2009，31（3）：167-172.

[108] 闫文昊，于广涛，林琳. 生涯适应力对主观职业成功的影响——

工作形塑的中介和组织支持感的调节 [J]. 经济管理，2018，40（8）：105-119.

[109] 杨序国. 任职资格管理 3.0[M]. 北京：企业管理出版社，2016.

[110] 杨玉浩，龙君伟. 组织支持感、感情承诺与知识分享行为的关系研究 [J]. 研究与发展管理，2008，20（6）：62-66.

[111] 叶晓倩，王泽群，李玲. 组织职业生涯管理、内部人身份认知与回任知识转移——个体—组织一致性匹配的调节效应 [J]. 南开管理评论，2020，23（4）：154-165.

[112] 易加斌，王宇婷. 组织能力、顾客价值认知与价值共创关系实证研究 [J]. 科研管理，2017，38（S1）：259-266.

[113] 余传鹏，黎展锋，林春培，等. 数字创新网络嵌入对制造企业新产品开发绩效的影响研究 [J]. 管理世界，2024，40（5）：154-176.

[114] 詹小慧，李群. 组织支持感与员工创新绩效：一个跨层次的调节模型 [J]. 当代经济管理，2020，42（1）：71-77.

[115] 詹小慧，杨东涛，栾贞增. 个人与组织价值观匹配对员工建言的影响 [J]. 当代财经，2017（6）：80-87.

[116] 张光磊，程欢，李铭泽. 非工作时间电子沟通对员工主动性行为影响研究 [J]. 管理评论，2019，31（3）：154-165.

[117] 张建卫，周洁，李海红，等. 自我职业生涯管理对组织承诺的作用机制：链式中介及调节效应 [J]. 心理与行为研究，2019a，17（3）：422-432.

[118] 张建卫，周洁，李正峰，等. 组织职业生涯管理何以影响军工研发人员的创新行为？——自我决定与特质激活理论整合视角 [J]. 预测，2019b，38（2）：9-16.

[119] 张建宇，林香宇，杨莉，等. 意义建构对企业数字化转型的影响

机制研究——组织能力的中介作用[J].科学学与科学技术管理,2023(9):47-66.

[120] 张坤,张建卫,王稀娟.基于社会资本的易变性职业生涯刍议[J].重庆社会科学,2007(2):125-128.

[121] 张肖虎,杨桂红.组织能力与战略管理研究:一个理论综述[J].经济问题探索,2010(10):65-69.

[122] 张印轩,戚芳媛,唐炎钊,等.无边界职业生涯视角下高校创业教育对员工创造力的滞后影响——一个双重中介模型[J].科技进步与对策,2021,38(14):125-132.

[123] 张永安,李晨光.复杂适应系统应用领域研究展望[J].管理评论,2010,22(5):121-128.

[124] 赵树梅.人才管理视角下的企业变革期组织能力开发——以北欧航空公司为例[J].中国人力资源开发,2014(11):73-77.

[125] 郑骥飞,尹文强,曹海虹,等.乡村医生岗位分析研究[J].中国卫生事业管理,2016,33(12):920-923.

[126] 郑小静,常凯.互联网企业雇员不满与其应对策略——基于无边界职业生涯导向的分析[J].管理评论,2023,35(11):321-335.

[127] 周恋,李敏.工资集体协商对员工态度的跨层次影响:组织支持感的中介作用[J].华东经济管理,2015,29(9):49-55.

[128] 周文霞,李硕钰,李梦宜,等.中国职业生涯管理研究回顾与展望——一项基于文献(1978—2018)的研究[J].南开管理评论,2020,23(4):213-224.

[129] 周文霞,辛迅.组织职业生涯管理对个体职业生涯管理的影响:一个被调节的中介模型[J].中国人民大学学报,2017,31(3):80-89.

[130] 周愉凡,张建卫,张晨宇,等.主动性人格对研发人员创新行

为的作用机理——基于特质激活与资源保存理论整合性视角 [J]. 软科学, 2020, 34（7）: 33-37.

[131] 朱飞, 岳美琦, 章婕璇. 组织职业生涯管理与人力资源管理强度一致性对员工离职倾向的影响机制研究——职业满意度的中介作用和雇主品牌的调节作用 [J]. 中央财经大学学报, 2021（12）: 105-118.

[132] 左西子, 吴振华, 叶正芳. 基于波士顿矩阵的土木类大学生职业生涯规划路径选择和分类指导实践 [J]. 重庆行政, 2019, 20（1）: 64-65.

[133] Waley A.Poetry and Career of Li Po: 701-762[M].Oxfordshire: Taylor and Francis, 2021.

[134] Aryee S, Chay Y W.An examination of the impact of career-oriented mentoring on work commitment attitudes and career satisfaction among professional and managerial employees[J]. British Journal of Management, 1994（5）: 241-249.

[135] Baruch Y.Career development in organizations and beyond: Balancing traditional and contemporary viewpoints[J].Human Resource Management Review, 2006, 16（2）: 125-138.

[136] Baruch Y.The development and validation of a measure for protean career orientation[J].International Journal of Human Resource Management, 2014, 25（19）: 2702-2723.

[137] Briscoe J P, Hall D T, Demuth R L F.Protean and boundaryless careers: An empirical exploration[J].Journal of Vocational Behavior, 2006, 69（1）: 30-47.

[138] Briscoe J P, Hall D T.The interplay of boundaryless and protean careers: Combinations and implications[J].Journal of Vocational Behavior, 2006, 69（1）: 4-18.

[139] Bryman A, Bell E.Business research methods[M].4th ed.Oxford: Oxford University Press, 2015.

[140] Cabrera E F.Protean organizations: Reshaping work and careers to retain female talent[J].Career Development International, 2009, 14（2）: 186-201.

[141] Cakmak-Otluoglu K O.Protean and boundaryless career attitudes and organizational commitment: The effects of perceived supervisor support[J].Journal of Vocational Behavior, 2012, 80（3）: 638-646.

[142] Verad C.Dynamic capabilities and operational capabilities: A knowledge management perspective[J].Journal Of Business Research, 2007, 60（5）: 426-437.

[143] Creed P, Macpherson J, Hood M.Predictors of "new economy" career orientation in an Australian sample of late adolescents[J].Journal of Career Development, 2011, 38（5）: 369-389.

[144] De Vos A, Soens N.Protean attitude and career success: The mediating role of self-management[J].Journal of Vocational Behavior, 2008, 73（3）: 449-456.

[145] Dean J W, Snell S A.Integrated manufacturing and job design: Moderating effects of organizational inertia[J].Academy of Management Journal, 1991, 34（4）: 776-804.

[146] Direnzo M S, Greenhaus J H, Weer C H.Relationship between protean career orientation and work-life balance: A resource perspective[J].Joural of Organizational Behavior, 2015, 36（4）: 538-560.

[147] Drnevich P L, Kriauciunas A P.Clarifying the conditions and limits of the contributions of ordinary and dynamic capabilities to relative firm

performance[J].Strategic Management Journal, 2011, 32 (3): 254-279.

[148] Du H B, Liu D Y, Sovacool B K, et al.Who buys New Energy Vehicles in China? Assessing social-psychological predictors of purchasing awareness, intention, and policy[J].Transportation Research Part F-Traffic Psychology and Behaviour, 2018 (58): 56-69.

[149] Kossek E E, Roberts K, Fisher S, et al.Career self-management: A quasi experimental assessment of the effect of a training intervention[J].Personnel Psychology, 1998, 51 (4): 935-962.

[150] Penrose E.The theory of the growth of the firm[M].New York: John Wiley & Sons Inc, 1959.

[151] Eisenberger R, Cummings J, Armeli S, et al.Perceived organizational support, discretionary treatment and job satisfaction[J].Journal of Applied Psychology, 1997, 82 (5): 812-820.

[152] Eisenberger R, Huntington R, Hutchison S, et al.Perceived organizational support[J].Journal of Applied Psychology, 1986, 71 (3): 500-507.

[153] Gavetti G.Cognition and hierarchy: Rethinking the microfoundations of capabilities' development[J].Organization Science, 2005, 16 (6): 599-617.

[154] Gibson C B, Birkinshaw J.The antecedents, consequences and mediating role of organizational ambidexterity[J].Academy of Management Journal, 2004, 47 (2): 209-226.

[155] Glickman N J, Servon L J.By the numbers: Measuring community development corporations' capacity[J].Journal of Planning Education and Research, 2003, 22 (3): 240-256.

[156] Gold A H, Malhotra A, Segars A H.Knowledge management: An

organizational capabilities perspective[J].Journal of Management Information Systems, 2001, 18 (1): 185-214.

[157] Hall D T.The protean career: A quarter-century journey[J].Journal of Vocational Behavior, 2004, 65 (1): 1-13.

[158] Hall D T.Careers in and out of organizations[M].Thousand Oaks: Sage Publication, 2002.

[159] Hayes A F, Matthes J.Computational procedures for probing interactions in OLS and logistic regression: SPSS and SAS implementations[J]. Behavior Research Methods, 2009, 41 (3): 924-936.

[160] Herriot P, Gibbons P, Pemberton C, et al.An empirical model of managerial careers in organizations[J].British Journal of Management, 1994, 5 (2): 113-121.

[161] Higgins E T.Beyond pleasure and pain[J].American Psychologist, 1997, 12 (52): 1280-1300.

[162] Sturges J, Guest D, Conway N, et al.A longitudinal study of the relationship between career management and organizational commitment among graduates in the first ten years at work[J].Journal of Organizational Behavior, 2002, 23 (6): 731-748.

[163] Harris J M, Honey E H.Nineteenth-century American women writers and theologies of the afterlife: A step closer to heaven[M].Oxfordshire: Taylor and Francis, 2021.

[164] Kark R, Van Dijk D.Motivation to lead, motivation to follow: The role of self-regulatory focus in leadership process[J].The Academy of Management Review, 2007, 32 (2): 500-528.

[165] Khalid H, Zhang Y B, Naila M.Core competence for sustainable

competitive advantage: A structured methodology for identifying core competence[J].IEEE Transactions on Engineering Management, 2002, 49 (1): 28-35.

[166] King Z.Career self-management: Its nature, causes and consequences[J].Journal of Vocational Behavior, 2004, 65 (1): 112-133.

[167] Kline R B.Principles and practice of structural equation modeling[M].3th ed. New York: The Guildford Press, 2011.

[168] Kraimer M L, Wayne S J.An examination of perceived organizational support as a multi-dimendimensional construct in the context of an expatriate assignment[J]. Journal of Management, 2004 (2): 209-237.

[169] Lin S T, Sun J H, Chen C J.Re-enter the job market: Job satisfaction and career transition competency among middle-aged and older adults[J].Educational Gerontology, 2020, 46 (12): 774-784.

[170] Lips-Wiersma M, Hall D T.Organizational career development is not dead: A case study on managing the new career during organizational change[J]. Journal of Organizational Behavior, 2007, 28 (6): 771-792.

[171] Noe R A.Is career management related to employee development and performance? [J].Journal of Organizational Behavior, 1996, 17 (2): 119-133.

[172] Okurame D E, Fabunmi R.Protean and boundaryless careers: Exploring the role of mentoring and gender in the context of a major African country[J].Career Development International, 2014, 19 (1): 73-100.

[173] Osazuwa N P, Che-Ahmad A.The moderating effect of profitability and leverage on the relationship between eco-efficiency and firm value in publicly traded Malaysian firms[J].Social Responsibility Journal, 2016, 12 (2): 295-306.

[174] Park T, Kim S, Sung L.Fair pay dispersion: A regulatory focus theory view[J].Organizational Behavior and Human Decision Processes, 2017 (142): 1-11.

[175] Park Y, Rothwell W J.The effects of organizational learning climate, career-enhancing strategy, and work orientation on the protean career[J].Human Resource Development International, 2009, 12 (4): 387-405.

[176] Pazy A.Joint responsibility: The relationships between organizational and individual career management and the effectiveness of careers[J].Group & Organization Management, 1988, 13 (13): 311-331.

[177] Svensson P G, Andersson F O, Faulk L.Organizational capacity and entrepreneurial behavior[J].Nonprofit Management and Leadership, 2020, 30 (4): 693-707.

[178] Qu Y, Liu Y K, Zhu Q H, et al.Motivating small-displacement car purchasing in China[J].Transportation Research Part A-Policy and Practice, 2014 (67): 47-58.

[179] Zdero R.Practical career advice for engineers: Personal letters from an experienced engineer to students and new engineers[M].Boca Raton: CRC Press, 2021.

[180] Ragusa A T, Crampton A.Doctor Google, health literacy, and individual behavior: A study of university employees' knowledge of health guidelines and normative practices[J].American Journal of Health Education, 2019, 50 (3): 176-189.

[181] Rahim N B, Zainal S R M.Embracing psychological well-being among professional engineers in Malaysia: The role of protean career orientation and career exploration[J].International Journal of Economics and Management, 2015,

9（S）：45-66.

[182] Retraction Notice: Diabetes-related knowledge and preventative practices among government employees with diabetes in Kuwait[J].Sultan Qaboos University medical journal，2018，18（2）：e254.

[183] Rhoades L，Eisenberger R.Perceived organizational support: A review of the literature[J].The Journal of Applied Psychology，2002（4）：698-714.

[184] Rockstuhl T，Eisenberger R，Shore L M，et al.Perceived Organizational Support（POS）across 54 nations: A cross-cultural meta-analysis of POS effects[J].Journal of International Business Studies，2020，51（6）：933-962.

[185] Tobias R J S，Louise H，Thomas F.Value co-creation between public service organizations and the private sector: An organizational capabilities perspective[J].Administrative Sciences，2021，11（2）：1-20.

[186] Rousseau D.Psychological contracts in organizations: Understanding writtenand unwritten agreements[M].London: Sage Publications，1995.

[187] Sanchez R.Strategic management at the point of inflection: Systems, complexity and competence theory[J].Long Range Planning，1997，30（6）：939-946.

[188] Segers J，Inceoglu I，Vloeberghs D，et al.Protean and boundaryless careers: A study on potential motivators[J].Journal of Vocational Behavior，2008，73（2）：212-230.

[189] Shanock L R，Eisenberger R.When supervisors feel supported: Relationships with subordinates' perceived supervisor support, perceived organizational support, and performance[J].Journal of Applied Psychology，2006，91（3）：689-695.

[190] Shen J, Benson J.When CSR is a social norm: How socially responsible human resource management affects employee work behavior[J]. Journal Management, 2016, 42 (6): 1723-1746.

[191] Sturges J, Guest D, Conway N, et al.A longitudinal study of the relation-ship between career management and organizational commitment among graduates in the first ten years at work[J].Journal of Organizational Behavior, 2002, 23 (6): 731-748.

[192] Subba Narasimha N P.Salience of knowledge in a strategic theory of the firm[J].Journal of Intellectual Capital, 2001, 2 (3): 215-224.

[193] Sullivan S E, Arthur M B.The evolution of the boundaryless career concept: Examining physical and psychological mobility[J].Journal of Vocational Behavior, 2006, 69 (1): 19-29.

[194] Sumathi G N, Kamalanabhan T J, Thenmozhi M.Impact of work experiences on perceived organizational support: A study among healthcare professionals[J].AI & Society, 2015 (30): 261-270.

[195] Supeli A, Creed P A.The longitudinal relationship between protean career orientation and job satisfaction, organizational commitment, and intention-to-quit[J].Journal of Career Development, 2016, 43 (1): 66-80.

[196] Tavares S M, Van K D, Van Dick R.Organizational identification and "Currencies of exchange": Integrating social identity and social exchange perspectives[J].Journal of Applied Social Psychology, 2016, 46 (1): 55-82.

[197] Teece D J, Pisano G, Shuen A.Dynamic capabilities and strategic management[J].Strategic Management Journal, 1997, 18 (7): 509-533.

[198] Teece D J.Explicating dynamic capabilities: The nature and microfoundations of (sustainable) enterprise performance[J].Strategic Management

Journal, 2007, 28 (13): 1319-1350.

[199] Posselt T.Organizational competence for servitization[M].Wiesbaden: Springer Gabler, 2018.

[200] Tao F, Fan T J, Wang Y Y, et al.Impacts of knowledge sourcing on employee innovation: The moderating effect of information transparency[J]. Journal of Knowledge Management, 2019, 23 (2): 221-239.

[201] Volmer J, Spurk D.Protean and boundaryless career attitudes: Relationships with subjective and objective career success[J].Zeitschrift Fur Arbeitsmarktforschung, 2011, 43 (3): 207-218.

[202] Witte L A.Exchange ideology as a moderator of job attitudes organizational citizenship behaviors relationships 1[J].Journal of Applied Social Psychology, 1991, 21 (18): 1490-1501.

[203] Yang B, Tong Y T.Evolution dynamics modeling and simulation of logistics enterprise's core competence based on service innovation[J].AIP Conference Proceedings, 2017 (1): 1834.

[204] Yue T, Long R Y, Chen H.Factors influencing energy-saving behavior of urban households in Jiangsu Province[J].Energy Policy, 2013 (62): 665-675.

[205] Zhang C Y, Yu B Y, Wang J W, et al.Impact factors of household energy saving behavior: An empirical study of Shandong Province in China[J]. Journal of Cleaner Production, 2018 (185): 285-298.

附　录

尊敬的女士/先生：

　　您好！

　　非常感谢您在百忙中参加此次问卷调查，本人正在进行《科技企业组织能力与管理》的书稿撰写工作，需要收集数据进行定量分析。

　　我承诺本次问卷调查仅供学术研究专用，不涉及任何商业用途，对您填写的内容我将绝对严格保密。您对问卷的填写质量直接决定我的研究成果准确与否，希望您能抽出宝贵的时间回答每一个问题，谢谢您的合作！

　　填写说明如下：请根据本企业的实际情况填写，尽您所知回答，题项答案无所谓对与错，需选择最恰当的答案，请勿遗漏题项。

　　感谢您的大力支持！

第一部分（基本信息）

1. 您的学历（　　　）

　A. 硕士及以上　　B. 本科　　C. 大专　　D. 高中及以下

2. 您的性别（　　　）

　A. 男　　B. 女

3. 您的年龄（　　　）

　A. 25 岁以下　　B. 25（不含）~30 岁

C. 30（不含）～35 岁　　D. 35 岁（不含）以上

4. 您的工作岗位与大学专业的关系（　　）

A. 专业对口　　B. 专业相关　　C. 专业不对口

5. 您的婚姻状况（　　）

A. 已婚　　B. 单身

6. 您的收入水平（　　）

A. 100 万（不含）元以上　　B. 50 万（不含）～100 万元

C. 20 万（不含）～50 万元　　D. 20 万元内

7. 您在目前公司的职位（　　）

A. 高层　　B. 中层　　C. 基层

8. 您在目前公司服务的年限（　　）

A. 8 年以上　　B. 5～8 年　　C. 3～5 年　　D. 1～3 年　　E. 1 年以内

第二部分（任职资格管理）

序号	说明：采用5级打分，1～5依次从非常不同意向非常同意过渡，5分为非常同意，4分为同意，3分为不确定，2分为不同意，1分为非常不同意，请您根据实际情况，在对应项下打"√"	非常不同意	不同意	不确定	同意	非常同意
1	贵公司会给予您在企业内详细的职业发展指导	1	2	3	4	5
2	贵公司有任职资格标准并定期向您宣导	1	2	3	4	5
3	您在贵公司的升迁、降职均需要任职资格认证结果	1	2	3	4	5
4	贵公司任职资格标准符合您的发展期望	1	2	3	4	5
5	贵公司会定期组织您参与任职资格认证并匹配对应待遇	1	2	3	4	5
6	贵公司经常有专人同您交流您在公司的职业发展方向	1	2	3	4	5
7	您在贵公司服务一定的年限后职位会有变动	1	2	3	4	5
8	如果您不喜欢现在的工作，贵公司也会为您安排其他的岗位	1	2	3	4	5

第三部分（职业生涯管理）

序号	说明：采用5级打分，1~5依次从非常不同意向非常同意过渡，5分为非常同意，4分为同意，3分为不确定，2分为不同意，1分为非常不同意，请您根据实际情况，在对应项下打"√"	非常不同意	不同意	不确定	同意	非常同意
1	您对您未来的职业发展方向清楚	1	2	3	4	5
2	您的家人非常支持您现在的职业	1	2	3	4	5
3	您的朋友非常羡慕您现在的职业	1	2	3	4	5
4	您在考虑换一份职业	1	2	3	4	5
5	职位长期得不到提升您也不考虑换职业	1	2	3	4	5
6	职位提升与加薪间您更倾向于职位提升	1	2	3	4	5
7	职位提升与加薪间您更倾向于加薪	1	2	3	4	5
8	换职业对您而言意味着换公司	1	2	3	4	5

第四部分（易变职业生涯）

序号	说明：采用5级打分，1~5依次从非常不同意向非常同意过渡，5分为非常同意，4分为同意，3分为不确定，2分为不同意，1分为非常不同意，请您根据实际情况，在对应项下打"√"	非常不同意	不同意	不确定	同意	非常同意
1	您的家人为您现在的职位感到骄傲和自豪	1	2	3	4	5
2	您的朋友为您现在的职位感到骄傲和自豪	1	2	3	4	5
3	您非常热爱您现在的职业并会持续从事该职业	1	2	3	4	5
4	外部存在更高待遇的同岗位工作机会，您会选择离开	1	2	3	4	5
5	外部存在更高待遇的其他（非本专业）工作机会，您会选择离开	1	2	3	4	5
6	您认为现在的工作时间能够让您平衡工作与生活	1	2	3	4	5
7	您非常满足于您现在的岗位	1	2	3	4	5
8	您担心自己未来在公司的发展与地位	1	2	3	4	5

第五部分（组织能力）

序号	说明：采用5级打分，1~5依次从非常不同意向非常同意过渡，5分为非常同意，4分为同意，3分为不确定，2分为不同意，1分为非常不同意，请您根据实际情况，在对应项下打"√"	非常不同意	不同意	不确定	同意	非常同意
1	贵公司在行业内处于领先地位	1	2	3	4	5
2	您认为贵公司的发展非常稳健	1	2	3	4	5
3	您相信贵公司未来会成为行业龙头	1	2	3	4	5
4	您认为贵公司的整体效率高于同行	1	2	3	4	5
5	您相信贵公司能够应对行业内的一切挑战	1	2	3	4	5
6	您觉得您的同事都是专业领域里的牛人	1	2	3	4	5
7	您认为贵公司的组织文化正是您想要的	1	2	3	4	5
8	您觉得贵公司的氛围、人际关系非常符合您的期望	1	2	3	4	5

第六部分（组织支持感）

序号	说明：采用5级打分，1~5依次从非常不同意向非常同意过渡，5分为非常同意，4分为同意，3分为不确定，2分为不同意，1分为非常不同意，请您根据实际情况，在对应项下打"√"	非常不同意	不同意	不确定	同意	非常同意
1	组织很认同我的目标和价值	1	2	3	4	5
2	组织在我有困难时会给予我帮助	1	2	3	4	5
3	组织很关心我的个人利益	1	2	3	4	5
4	组织一有机会就会压榨我	1	2	3	4	5
5	组织很重视我的观点	1	2	3	4	5
6	组织在我因个人原因而犯错时会原谅我	1	2	3	4	5

感谢您的支持！